Stauden

Kombinationen für jeden Garten

Garten ZEIT

av BUCH

Frank von Berger

Stauden

Kombinationen für jeden Garten

av BUCH

Bildnachweis
Titel: Bildagentur Waldhäusl
Inhalt: Bildagentur Waldhäusl: Seite 2, 6, 8, 16,19 u., 20, 22,23 o., 25, 26, 30 l., 31 u., 35 u., 36, 43, 45 , 54, 57, 58, 59, 62, 67 u.
Alle anderen: Frank von Berger

Impressum

E-Mail: buch@avbuch.at, Internet: www.avbuch.at

Deutsche Nationalbibliothek - CIP-Einheitsaufnahme
Die Deutsche Nationalbibliothek verzeichnet diese Publikation in der Deutschen Nationalbibliografie; detaillierte bibliografische Daten sind im Internet über http://dnb.ddb.de abrufbar.

Projektleitung: Brigitte Millan-Ruiz, avBUCH
Redaktion: Redaktionsbüro Wolfgang Funke, Augsburg
Cover und Layout: Ravenstein + Partner, Verden
Satz: Karin Prugger, Das Agenturhaus, München
Bildreproduktion: Hantsch & Jesch Prepress Services OG, Wien
Druck und Bindung: Westermann Druck, Zwickau

Printed in Germany

ISBN: 978-3-7040-2361-2

Inhalt

Garten ZEIT

av BUCH

Vorwort

Stauden gehören zu den vielseitigsten Gartenpflanzen, die in keinem Beet fehlen dürfen. Neben den bekannten, bunt blühenden Beetstauden zählen auch viele Zwiebelblumen, Gräser und Farne zur großen Pflanzengruppe der Stauden. Sie alle lassen sich mit etwas Geschick zu den herrlichsten Beeten kombinieren, die vom Frühjahr bis zum Herbst alle Blicke auf sich ziehen. Viele Stauden eignen sich aber auch für ausgefallene Gestaltungen, als Pflanzpartner für Rosen, für den Wasser- oder Steingarten und machen sogar in Töpfen und Kübeln eine gute Figur. Damit das Gärtnern mit Stauden wirklich Freude bereitet und dauerhafte Erfolge beschert, sollte man jedoch ein wenig über die Ansprüche und Eigenschaften der jeweiligen Arten und ihre Pflege wissen. Dieser Ratgeber vermittelt in leicht verständlicher Form alle nötigen Kenntnisse und gibt Tipps zur Gestaltung, sodass auch Anfänger ihre Scheu vor den Stauden verlieren. Ein Blütezeitkalender mit Farbschema am Ende des Buches erleichtert die Planung eines farblich harmonischen Staudenbeets. Die ausführlichen Pflanzenporträts stellen nicht nur die wichtigsten Arten und aktuelle Sorten, sondern auch ideale Pflanzpartner vor. So wird das Gestalten von gelungenen, geschmackvollen Staudenbeeten nach ganz eigenen Entwürfen zum reinen Gartenvergnügen!

Freiburg, Juni 2009
Frank von Berger

Was sind eigentlich Stauden?

Verwirrende Vielfalt

Pflanzenfreunde schwärmen oft von herrlichen Staudenrabatten oder seltenen Liebhaberpflanzen, die sie in besonderen Staudengärtnereien gefunden haben.
Dem ahnungslosen Laien stellt sich dann aber die Frage: Was sind eigentlich Stauden? Die Antwort scheint relativ einfach: Stauden sind alle ausdauernden, mehrjährigen Pflanzen, deren Stiele und Stängel nicht verholzen, wie das bei Bäumen und Sträuchern der Fall ist. Im Gegensatz zu Einjährigen werden Stauden mindestens zwei Jahre alt, bevor sie absterben. Die durchschnittliche Lebensdauer einer Staude beträgt etwa 8 bis 20 Jahre. Manche Staudenarten wie etwa Pfingstrosen *(Paeonia)* oder Taglilien *(Hemerocallis)* können sogar ein halbes Jahrhundert oder noch älter werden.

Stauden sind so vielfältig wie das Leben selbst: Da gibt es zarte Gewächse, die vor dem ersten Frost kapitulieren, und solche, die trotz winterlicher Minusgrade stolz ihr grünes Gewand behaupten. Selbst im tiefsten Winter halten manche Stauden, wie die faszinierende Christrose *(Helleborus niger)* oder die anmutigen Schneeglöckchen *(Galanthus)*, den Unbilden der Jahreszeiten tapfer ihre fragilen Blüten entgegen, wie um zu sagen: Es wird durchgeblüht! Willkommen im Reich der Stauden, wo nichts unmöglich erscheint!

Keine Frage – Schneeglöckchen *(Galanthus)* sind, wie der Name schon sagt, völlig winterhart.

Zwiebel- und Knollenpflanzen

Im Fall von Dahlien, Gladiolen und anderen nicht frostharten Zwiebel- und Knollengewächsen wird nur das unterirdische Speicherorgan überwintert, die krautigen Pflanzenteile sterben im Herbst beim ersten Frost ab. Trotz ihrer Sonderstellung, die in der Praxis auch eine andere Pflege und Behandlung als die klassischen Stauden erfordert, werden Zwiebel- und Knollenpflanzen von den Botanikern ebenfalls zu den Stauden gezählt. Statt eines Wurzelstocks findet man bei dieser Pflanzengruppe unterirdisch angelegte, zwiebelförmige oder fleischige, knollenförmige Speicherorgane, in denen für die Zeit der Vegetationspause – die bei den meisten Pflanzen im Winter, bei manchen Arten wie der Herbstzeitlosen *(Colchicum)* auch im Sommer liegt – Nährstoffe eingelagert werden. Dadurch können die Pflanzen mit Beginn der Vegetationsperiode gleich voll durchstarten und in kürzester Zeit bereits mit Blüten aufwarten. Typische Vertreter sind zum Beispiel die zahlreichen Frühlingsboten wie Schneeglöckchen *(Galanthus)*, Krokus *(Crocus)*, Tulpen *(Tulipa)*, Narzissen und Osterglocken *(Narcissus)*, Hyazinthen *(Hyacinthus orientalis)* und Kaiserkrone *(Fritillaria imperialis)*. Sommerblühende

Die Blütenbälle der Zierlauch-Arten *(Allium)* setzen farbige Akzente in Staudenbeeten.

Wie Stauden den Winter überstehen

Empfindliche Stauden kommen mit einem Winterschutz gut durch die kalte Jahreszeit.

In unseren Breiten erfrieren und vertrocknen die krautigen, oberirdischen Teile der meisten Stauden im Winter. Die unterirdischen Speicherorgane der Stauden, also die Wurzeln, Knollen, Zwiebeln oder Rhizome, überstehen meist auch sehr frostige Winter und treiben dann im Frühjahr wieder aus. Die Knospen für den Austrieb liegen an der Pflanzenbasis im oder nahe am Erdboden. Deshalb macht es auch nichts, wenn man die Stauden nach dem Welken im Herbst eine Handbreit über dem Boden zurückschneidet, solange die Austriebsknospen nicht geschädigt werden.

Manche Stauden aus wärmeren Gefilden wie dem mediterranen Raum oder Südafrika, die auf verschlungenen Wegen ihren Platz in unsere Gärten gefunden haben, sind jedoch leider nicht ganz so winterhart, wie wir uns das wünschen. In Regionen ohne kalte Winter verhalten sie sich wie unsere winterharten Gartenstauden und bleiben vital, bis die Frühlingssonne sie wieder zum Blühen ermuntert. In Mitteleuropa aber können bereits einige Minusgrade ihnen den Garaus machen. Diese nicht winterharten Stauden brauchen daher bei uns einen Winterschutz oder werden frostfrei im Haus überwintert.

Zwiebel- und Knollenpflanzen wie Schwertlilien *(Iris*-Arten), Zierlauch *(Allium*-Arten), Montbretien *(Crocosmia)*, Dahlien *(Dahlia)*, Indisches Blumenrohr *(Canna indica)* oder die mäjestätischen Lilien *(Lilium*-Arten) haben oft eine längere Entwicklungszeit, bis sie ihre prächtigen Blüten entfalten. Dennoch sind sie für einen schönen und vielfältigen Staudengarten einfach unentbehrlich. Im Herbst sorgen die Blüten der Zeitlosen *(Colchicum*-Arten), Herbstkrokusse (z. B. *Crocus speciosus)* oder Gewitterblume *(Sternbergia lutea)* für farbige Akzente im Staudengarten.

IMMER MIT DER RUHE

Oft bietet der Handel schon im Spätsommer Blumenzwiebeln an, wenn die Staudenbeete noch in voller Blüte sind. Doch keine Panik! Die Zwiebeln nahezu aller Frühjahrsblüher kann man noch bis November setzen!
Allein Madonnenlilien sollten noch im Spätsommer gepflanzt werden. Tulpen, Narzissen und andere Zwiebeln mit fester Außenhaut können bis zum Pflanzen an einem luftigen, trockenen Ort mehrere Wochen gelagert werden. Lilien und Kaiserkronen müssen jedoch sofort in die Erde, damit sie nicht vertrocknen.

Klassische Gartenstauden

Zu den klassischen Gartenstauden zählen die Beetstauden, die in der Regel vollständig winterhart, pflegeleicht und wenig anspruchsvoll sind. Im Idealfall wachsen sie auf fast allen Böden, blühen zuverlässig und eignen sich auch für Anfänger. Zu den populärsten Vertretern zählen unter anderem Astern, Schafgarbe, Sonnenbraut, Sonnenhut, Fetthenne und Goldrute.

Herausragende Rolle: Prachtstauden

Die sogenannten Prachtstauden ragen aus den Beetstauden heraus. Sie zeichnen sich durch besonders prächtige und auffällige Blütenstände aus. Von mancher Prachtstaudenart wurde durch Züchtung ein breites Sortenspektrum erzielt, das Liebhaber begeistert und selbst allerhöchste Ansprüche befriedigt. Zu den beliebtesten Prachtstauden gehören Rittersporn, Schwertlilien, Stauden-Pfingstrosen und Türkenmohn. Prachtstauden nehmen im Beet meist eine Führungsposition ein, sind jedoch mitunter nicht ganz einfach zu kultivieren.

Astern (hier: verschiedene Herbstastern) sind klassische Stauden mit einer unglaublichen Vielfalt an Arten und Sorten.

Zu den beliebtesten Frühlingsboten gehört der Goldkrokus *(Crocus ancyrensis)*.

Die Stauden-
vielfalt bietet reichlich Anregung zur Gartengestaltung.

Auch der meist zweijährige Fingerhut *(Digitalis purpurea)* gehört zu den Prachtstauden.

Kriechender Günsel ist eine zur Blütezeit sehr attraktive Staude.

Ganzjährig schön: Immergrüne Stauden

Auch im Winter ein Blickfang sind die immergrünen Stauden. Sie scheinen das ganze Jahr ihr grünes Laub zu behalten und sorgen dafür, dass der Garten in der kalten Jahreszeit nicht verwaist wirkt. Tatsächlich erneuern Stauden wie Bergenien, Immergrün *(Vinca)*, Schleifenblume *(Iberis sempervirens)* und manche Wolfsmilcharten *(Euphorbia-*Arten*)* ihre Blätter unabhängig von der Jahreszeit kontinuierlich, aber nie alle auf einmal. Bei den meisten immergrünen Stauden widersteht das Laub durch verschiedene biochemische Strategien selbst strengen Winterfrösten und bleibt den ganzen Winter über ansehnlich.

Wintergrüne Stauden

Im Gegensatz zu immergrünen Stauden behalten wintergrüne Stauden ihr Laub zwar den ganzen Winter über, aber zu Beginn des Frühjahrs stirbt es ab. Wenig später beginnt dann die neue Blattgeneration auszutreiben. Typische wintergrüne Stauden im Garten sind Elfenblumen *(Epimedium-*Arten*)*, Nieswurz *(Helleborus-*Arten*)*, Purpurglöckchen *(Heuchera-*Hybriden*)* und Günsel *(Ajuga reptans)*.

Gäste aus dem Süden: Halbsträucher

Meistens zu den Stauden gezählt werden die sogenannten Halbsträucher (Hemiphanerophyten). Bei diesen strauchähnlichen Pflanzen verholzen die Stängel zwar, sie erreichen aber nur eine Wuchshöhe von rund 60 cm und können im Garten wie Stauden behandelt werden. In der Regel sind sie im Vergleich zu echten Sträuchern relativ kurzlebig und vertragen keinen radikalen Rückschnitt, wie er bei Stauden üblich ist. Unter den Halbsträuchern gibt es auffällig viele Aroma- und Gewürzpflanzen. Beliebte Halbsträucher sind Lavendel, Salbei, Heiligenkraut oder Zistrosen *(Cistus-*Arten*)*.

Formen und Farben: Blattschmuckstauden

Blattschmuckstauden sind all jene Stauden, die weniger durch spektakuläre Blüten als vielmehr durch attraktives Laub auffallen. Hierzu zählen viele Bodendecker, im weiteren Sinn aber auch Gräser und Farne. Viele Blattschmuckstauden wie Funkien, Günsel oder Kreuzkraut *(Ligularia-*Arten*)* eignen sich für Problemstandorte, also für schattige oder feuchte Stellen im Garten und auch solche unter Gehölzen.

Blattschmuckstauden kommen immer dann zum Einsatz, wenn es um Struktur statt um Farbe geht.
Sie können in einer Gemischten Rabatte die Rolle eines Vermittlers spielen und außerdem am Saum von Gehölzen oder in abgelegenen Ecken Übergänge kaschieren.

Gräser - filigran und schön

Viele Gärten quellen im Sommer über vor Blüten, bieten aber bereits im frühen Herbst einen ziemlich tristen Anblick, weil oft genug vergessen wird, welchen Schatz die Gräser für uns bereithalten. Mit ihren vielfältigen Halmen, Blütenähren und herbstlichen Färbungen bringen sie zum Abschluss der Gartensaison noch einmal Leben ins grüne Reich. Der bekannte Staudenzüchter Karl Foerster hat einmal gesagt: „Gras ist das Haar der Mutter Erde." Neben einjährigen Schmuckgräsern - und natürlich auch gepflegten Rasenflächen - gehören zahlreiche mehrjährige („staudige") Ziergräser zu den größten Gestaltern im Garten. Besonders bei Raureif und Schnee beschenken sie uns mit einem zauberhaften Anblick. Daneben gibt es auch immergrüne Gräser wie z.B. zahlreiche Seggen (*Carex*-Arten) und die exotisch wirkenden Bambushorste (z. B. *Fargesia*- und *Phyllostachys*-Arten), die den ganzen Winter über für lebendige Strukturen im Garten sorgen.

Farne - nicht nur für Problembereiche

Bei Stauden denkt kaum jemand an Farne, obwohl die meisten winterharten Farne im Staudengarten hervorragend Verwendung finden können. Sie sind eigentlich ebenso unverzichtbar wie Gräser, denn sie bringen Strukturen und lebendiges Grün in Ecken, die sonst nur schwer gestaltet werden können. Die dekorativen Wedel des Pfauenradfarns (*Adiantum pedatum*) oder des Japanischen Regenbogenfarns (*Athyrium nipponicum* 'Metallicum') sind für sich allein schon ein Blickfang. In allen naturnah angelegten Gärten mit halbschattigen bis

Gräser und Farne sind die ideale Ergänzung für Staudenpflanzungen.

Mit Blattschmuckstauden kann man Beete attraktiv gestalten.

Ziergräser besitzen ein viel zu wenig genutztes Potenzial für Staudenrabatten.

Farne, hier der Hirschzungenfarn, gedeihen meist auch an Problemstandorten, die wenig Sonne abbekommen.

schattigen Ecken sind Farne auch deshalb unverzichtbar, weil sie sich in der Regel mit einem Standort zufrieden geben, an dem andere Stauden nur noch vor sich hin kümmern würden. Die meisten Farne sind ursprünglich Waldpflanzen und kommen mit einem halbschattigen bis schattigen Plätzchen wunderbar zurecht – das darf sich dann sogar unter Gehölzen befinden. Ob der Boden eher sauer oder kalkhaltig (alkalisch) ist, spielt bei den meisten Farnen eine untergeordnete Rolle. Wichtig dagegen sind ausreichend Nährstoffe in einem feuchten, humosen, durchlässigen Grund und stets eine gewisse Luftfeuchtigkeit, damit die Wedel nicht verbräunen. Als Faustregel gilt: Je heller der Standort ist, desto mehr Feuchtigkeit braucht die Pflanze. Aber auch wenn sie sich noch so wohlfühlen – zur Blüte werden Farne nie kommen, denn sie bilden zur Vermehrung an der Unterseite ihrer Wedel Sporen aus.

WICHTIG ZU WISSEN

Nahezu alle Farne brauchen zum optimalen Gedeihen einen dauerhaft feuchten, humosen, nährstoffreichen Boden. Je heller der Standort ist, desto mehr Feuchtigkeit brauchen sie.
Bei Arten, bei denen die Wedel im Winter absterben, belässt man das welke Laub als Winterschutz bis zum Frühjahr an den Pflanzen. Erst kurz vor dem Austrieb schneidet man es ab.

Grüne Teppiche – Bodendecker

Unter den Stauden nehmen die Bodendecker eine besondere Stellung ein. Sie werden, wie der Name schon sagt, hauptsächlich dazu verwendet, Flächen zu begrünen. Das können kahle Stellen sein, an denen keine spektakuläre Pflanzung geplant ist, aber auch Lücken zwischen größeren oder im unteren Teil kahlen Stauden. Unter Gehölzen sorgen Bodendecker für eine attraktive Decke und verhindern ein Austrocknen der Erde oder Bodenerosion sowie das Aufkommen von Unkräutern. Es gibt sommergrüne und immergrüne

Arten und Sorten

Es gibt unzählige Staudenarten und noch mehr Sorten. Aber worin unterscheiden sich Arten und Sorten? Eine Art (species) ist eine Gruppe von Pflanzen, die sich fruchtbar fortpflanzen und dabei ähnliche Nachkommen hervorbringen können. Das Ergebnis einer Kreuzung bringt Nachkommen hervor, die Eigenschaften beider Elternteile haben.
Bei Sorten handelt es sich um sogenannte Kultivare. Das sind Variationen von Arten, Unterarten oder Varietäten, die gleiche Eigenschaften gemeinsam haben, die sie aber bei einer geschlechtlichen Vermehrung nicht rein vererben können. Sorten werden daher ausschließlich vegetativ durch Teilung oder Stecklinge vermehrt. Durch gezielte Züchtung entstehen ständig neue Sorten. Jeder Züchter verfolgt dabei bestimmte Zuchtziele, etwa größere Blüten, besondere Farbvarianten oder bessere Wuchseigenschaften. Dadurch erweitert sich das Spektrum der Stauden ständig.

Dickmännchen oder Ysander *(Pachysandra terminalis)* ist ein idealer Bodendecker unter Gehölzen, der immer ordentlich aussieht.

Bodendecker, solche mit attraktiven Blüten und eher unscheinbare, die allein durch ihr Laub wirken. Manche Bodendecker wie Stachelnüsschen *(Acaena)*, Hornkraut *(Cerastium tomentosum)*, Johanniskraut *(Hypericum calycinum)*, Teppichfetthenne, Kriechthymian und Wollziest eignen sich besonders für sonnige Standorte. Wirklich unschätzbar sind Bodendecker für schattige Standorte wie etwa Kriechender Günsel, Dickmännchen *(Pachysandra terminalis)*, Immergrün *(Vinca)* oder Golderdbeere *(Waldsteinia ternata)*, da sie bei der Gestaltung problematischer Gartensituationen helfen. Zu den Bodendeckern zählen auch einige niedrig wachsende Gräser wie Japansegge *(Carex morrowii)*, Bärenfellschwingel *(Festuca gautieri)* und die Schneemarbel *(Luzula nivea)*, die den Wurzeldruck unter Gehölzen gut verträgt.

Was bedeuten die lateinischen Namen?

Für viele Pflanzen gibt es im deutschsprachigen Raum je nach Region verschiedene Namen. So wird der Name Schwertlilie oft sowohl für Iris als auch für Gladiolen verwendet – zwei ganz unterschiedliche Pflanzen.
Dadurch kann es schnell zu Verwechslungen kommen. Der **botanische Name** dagegen ist eindeutig und besitzt **internationale Gültigkeit**. Er besteht aus einem Gattungs- und einem Artnamen, die durch einen Sortennamen ergänzt werden können.
Gattungs- und Artname werden dabei kursiv geschrieben, der Sortenname steht immer in einfachen Anführungszeichen. Steht zwischen dem Gattungs- und dem Artnamen ein „x", handelt es sich um eine Hybride, also eine Kreuzung zweier Arten. Dieses System zur Zuordnung und Unterscheidung der Pflanzen wurde im 18. Jahrhundert von dem schwedischen Naturforscher Carl von Linné (1707–1778) eingeführt und hat sich bis heute bewährt.

Stauden im Garten

Vielseitige Alleskönner

Kaum eine Pflanzengruppe ist so vielseitig im Garten verwendbar wie Stauden. Das liegt nicht nur an dem breiten Spektrum der Arten und Sorten. Ob üppig blühende Prachtstauden, gruppenbildende Beetstauden, robuste Bodendecker oder kleine, aber feine Steingartengewächse - für fast jeden Gartentyp gibt es die passende Staudengruppe. Stauden können in großer Anzahl zu malerischen Beeten und Rabatten gepflanzt werden oder als Solitärpflanzen alle Blicke auf sich ziehen, als charmante Begleiter Rosen und andere Gartenstars umschmeicheln oder dabei helfen, Problemstandorte attraktiv zu gestalten.
In Töpfen und Kübeln kann man mit Stauden Lücken im Blumenbeet kaschieren und sogar auf dem Balkon oder der Terrasse einen Garten anlegen. Dem kreativen Gärtnern mit Stauden sind eigentlich keine Grenzen gesetzt!

Steppensalbei *(Salvia nemorosa)* gehört zu den zuverlässig remontierenden Stauden.

WICHTIG ZU WISSEN

Manche Stauden besitzen die Fähigkeit, zweimal im Jahr zu blühen. Wenn man sie gleich nach der ersten Blüte im Frühsommer eine Handbreit über dem Boden zurückschneidet, düngt und wässert, treiben sie erneut aus und belohnen die Mühe mit einem zweiten Flor im Spätsommer.
Der Fachausdruck für solche Stehaufmännchen unter den Stauden lautet „remontierend". Dazu zählen zum Beispiel Rittersporn, Margerite, Katzenminze und Steppensalbei.

Stauden in Sonnen- und Schattenbeeten

Je nach Herkunft und Züchterfleiß haben sich die verschiedenen Staudenarten an sonnige, halbschattige oder schattige Standorte angepasst. Darunter gibt es anspruchsvolle Sonnenkinder wie die Goldgarbe oder das Sonnenröschen, die einen Standort im Halbschatten mit spärlichem Blütenflor quittieren.
Andererseits gibt es Schattenstauden wie die Greiskräuter *(Ligularia*-Arten*)* oder das Tafelblatt, die in der prallen Sonne sofort schlappmachen, besonders wenn der Boden nicht ausreichend feucht ist. Deshalb ist bei jeder Planung einer Staudenpflanzung an erster Stelle die Standortfrage zu klären: Sonnig, halbschattig oder schattig, trocken oder feucht – was wünscht sich die jeweilige Staude am meisten, und was toleriert sie, ohne Schaden zu nehmen? Die Vielfalt im Reich der Stauden ermöglicht es, für nahezu jeden Standort eine attraktive Bepflanzung zu finden.

HÄUFIGE FEHLER

Im Frühjahr juckt es dem Gärtner in den Fingern. Gern wird gepflanzt, was das Zeug hält. Doch wenn sich die Gehölze im Garten belauben, wird manche im Frühjahr sonnige Stelle im Garten plötzlich beschattet. Dies sollte man bei der Pflanzung rechtzeitig bedenken, damit sonnenhungrige Stauden nicht den Sommer über unnötig im Dunkeln darben müssen.

Stauden als Rosenbegleiter

Die Zeiten, in denen Rosen eine neben der anderen stramm im Beet standen, von nichts weiter umgeben als nackter Erde, sind zum Glück vorbei. Rosen sind zwar unbestritten die Stars im Garten, aber wie jeder großartige Solist brauchen sie ein Orchester, um den vollen Klang zur Geltung zu bringen. Stauden sind die idealen Begleiter für alle Beet- und Strauchrosen. Wenn die Blütezeiten übereinstimmen, können sich beide in ihrer Wirkung gegenseitig unterstützen und herrliche Gartenbilder zaubern. Eine Rabatte mit einmal blühenden Rosen, die im Frühsommer ein

Stauden wie Katzenminze *(Nepeta)* bringen Rosen erst richtig zur Geltung.

duftiges Blütenfeuerwerk entfachen, aber den Rest des Sommers wenig attraktiv aussehen, kann durch begleitende Stauden die ganze Saison über interessant wirken. So können bereits im zeitigen Frühjahr Zwiebelstauden wie Krokusse, Schneeglöckchen, Tulpen, Narzissen und andere Frühaufsteher des Pflanzenreichs Farbe ins Beet bringen. Bis die Rosen austreiben, sind die kleinen Zwiebelblüher bereits verblüht und ziehen sich in die Erde zurück. Zur Zeit der Rosenblüte begleiten dann Frühsommerstauden wie Schwertlilien, Rittersporn, Glockenblumen *(Campanula)*, Schleierkraut *(Gypsophila paniculata)* und Storchschnabel das großartige Schauspiel. Sind im Juli die Rosen verblüht, übernehmen Hoch- und Spätsommerstauden wie Astern, Flammenblumen *(Phlox)*, Schafgarbe, Fetthenne und Sonnenhut die Regie im Beet.

Ein paar Grundregeln

Bei der Kombination von Rosen mit Stauden in einem Beet kommt es nicht nur darauf an, die Blütenfarben und -zeiten aufeinander abzustimmen. Auch Wuchshöhe und Habitus der Pflanzen müssen miteinander harmonieren. Für eine wirklich gelungene Nachbarschaft von Rosen und Stauden empfiehlt sich die bewusste Auswahl einer Rosensorte und geeigneter Begleitstauden. Rosenzüchter und gut sortierte Baumschulen bieten neben einem reichhaltigen Sortiment an Rosen oft auch passende Stauden und ihre Beratung an.

Ein ideales Paar

Besonders hübsch sieht es aus, wenn kletternde Rosen von den Blüten einer Waldrebe *(Clematis)* durchwoben werden. Die Pflanzen passen nicht nur optisch gut zueinander, sondern haben auch ähnliche Blütezeiten und Ansprüche.

Erst Stauden bringen manche Rose richtig zur Geltung

WICHTIG ZU WISSEN

Damit die sogenannten öfter blühenden Rosensorten tatsächlich den ganzen Sommer über durchblühen, muss Verblühtes regelmäßig ausgeschnitten werden. Dazu kappt man die Stängel zwei bis drei Blattachseln unter der verwelkten Blüte.

Rosen und Waldrebe *(Clematis)* sind wie geschaffen füreinander.

Mixed Borders

Der englische Klassiker: Mixed Border ist ein seit Langem in der Gartenwelt etablierter Begriff und heißt „Gemischte Rabatte“. Darunter versteht man eine länglich geschnittene, von vorn nach hinten leicht ansteigende Rabatte, bestehend aus Einjährigen, Stauden und Sträuchern, die einen Weg, eine Hauswand oder eine Hecke begleiten kann. Im Idealfall ist das Pflanzenspektrum solch einer Rabatte so zusammengestellt, dass die Aufmerksamkeit des Betrachters das ganze Jahr hindurch von etwas angeregt wird, das blüht, fruchtet oder durch attraktives Laub auffällt. Nicht umsonst spricht man bei der Gestaltung einer Rabatte von einer Komposition, hat doch das Pflanzen einer gelungenen „Gemischten Rabatte“ tatsächlich etwas mit dem Komponieren eines Musikstücks gemein. Wahre Höhepunkte feierten die Mixed Borders zu Anfang des 20. Jahrhunderts in England. Legendäre Gartenkünstler wie Gertrude Jekyll, Vita Sackville-West und William Robinson entwarfen und pflanzten fantastische Rabatten, die zahlreiche Bewunderer und Nachahmer in der ganzen Welt fanden. In Deutschland sorgte der Staudenzüchter Karl Foerster dafür, dass Mixed Borders nicht nur in Privatgärten Einzug hielten, sondern auch in öffentlichen Anlagen, wie etwa bei der Freundschaftsinsel in Potsdam bei Berlin, integriert wurden.

Gemischte Rabatten wollen gut geplant sein.

Gemischte Rabatten, auch Mixed Borders genannt, sind Klassiker des Staudengartens.

Große Namen

Einer der einfallsreichsten Gestalter war der Engländer Christopher Lloyd, der auf seinem Landsitz Great Dixter viele, zum Teil spektakuläre Entwürfe, wie etwa seine „Hot Borders“, verwirklichte: Beete mit fast tropisch anmutenden Pflanzen in leuchtenden Farben. Moderne Gartenkünstler bemühen sich weltweit um eine neue Interpretation der Mixed Borders, bei der auch Gräser und Wildstauden eine große Rolle spielen.
Zu den Protagonisten dieser Richtung gehören international renommierte Gartenarchitekten wie Piet Oudlof, Christopher Bradley-Hole, Wolfgang Oehme und James van Sweden.

IMMER MIT DER RUHE

Eine Gemischte Rabatte anzulegen, die wirklich „funktioniert“, kann einige Jahre dauern. Manche Stauden brauchen nun einmal zwei bis drei Jahre, bis sie sich voll entwickeln und ihre ganze Pracht entfalten!

HÄUFIGE FEHLER

Beim Pflanzen einer Gemischten Rabatte wird häufig der Fehler gemacht, die Pflanzen allein nach der Blütenfarbe auszuwählen. Wichtig ist es aber auch, auf die Blütezeit zu achten, damit gleichzeitig blühende Stauden farblich miteinander harmonieren. Obschon die meisten Stauden im Frühsommer ihren Höhepunkt haben, sollte man auch Arten berücksichtigen, die erst im Spätsommer oder Herbst blühen, damit die Wirkung der Rabatte nicht schon im Juli verpufft ist.

Ein „Hot Border", also eine „Heiße Rabatte" – mit Fackellilie und Indianernessel.

Viele Stauden, darunter auch Funkien *(Hosta)* machen eine gute Figur in Töpfen oder Kübeln.

Stauden für die Kübelbepflanzung

Kübelpflanzen sind so modern wie nie zuvor. Meistens handelt es sich dabei um mediterrane oder exotische Arten wie Lorbeer, Zitrus, Oleander und Hibiskus, die in unseren Breiten nicht winterhart sind und daher in Kübeln kultiviert werden. Aber auch Stauden machen in Töpfen und Kübeln eine gute Figur und lassen sich vielfältig bei der Gestaltung von Garten, Balkon und Terrasse einsetzen. Die Kübelkultur von Stauden hat den Vorteil, dass die individuellen Ansprüche der jeweiligen Arten „passgenau" erfüllt werden können. Spezielle Substratmischungen machen es zum Beispiel möglich, auch bei problematischen Bodenverhältnissen Stauden mit den unterschiedlichsten Ansprüchen auf engstem Raum miteinander zu kultivieren. Ein weiterer Vorteil der Kübelkultur besteht darin, dass empfindliche Pflanzen oder solche, die von Schnecken bevorzugt attackiert werden, wie zum Beispiel Funkien, besser geschützt werden können als bei der Beetkultur.

Ebenfalls kübeltauglich sind kleine Arten und Steingartengewächse, die in der Rabatte eher unscheinbar wirken oder von stärker wachsenden Arten überwuchert werden. Sie haben in Kübeln und Töpfen ihren großen Auftritt und kommen dort optimal zur Geltung. Mit etwas Geschick lassen sich auf diese Weise „Minigärten" verwirklichen, die auch auf Balkon und Terrasse echte Hingucker sind!

WICHTIG ZU WISSEN

Damit Stauden in Töpfen und Kübeln gut gedeihen, müssen die Pflanzgefäße ausreichend groß sein und ein Abzugsloch für überschüssiges Gießwasser am Boden haben.

HÄUFIGE FEHLER

Regelmäßiges Gießen ist wichtig für das Gedeihen der Pflanzen im Kübel, denn sie sind vom Grundwasser abgeschnitten und können sich nicht selbst versorgen. Kaum eine Pflanze mag jedoch „nasse Füße".

Deshalb stellt man die Kübel nicht auf Untersetzer oder man leert diese nach jedem Regenguss aus.

Die Schwanenblume ist eine zierliche Blütenschönheit für die Flachwasserzone.

Stauden im Wassergarten

Teiche, Bachläufe, Schwimmteiche und andere Wassermotive, aber auch Sumpf- oder Moorbeete im Garten sind so beliebt wie nie zuvor. Pflanzen am und im Wasser sorgen dafür, dass die Szenerie wirklich stimmig wirkt. Neben Gehölzen und einjährigen Gewächsen sind es vor allem Stauden, die den Wassergarten zu einem attraktiven Ort der Erholung und Regeneration machen: Rohrkolben, die sich sanft im Wind wiegen, fröhlich leuchtende Sumpfdotterblumen am Gewässerrand und natürlich die prächtigen

WICHTIG ZU WISSEN

Sumpfstauden leben in der Regel halbamphibisch, kommen also mit „nassen Füßen" bestens zurecht oder brauchen sie sogar. Dazu zählen Sumpfschwertlilie *(Iris pseudacorus)*, Kalmus *(Acorus calamus)*, Schwanenblume *(Butomis umbellatus)* und Blutweiderich *(Lythrum salicaria)* sowie die exotisch anmutende Sumpfkalla *(Calla palustris)* und die Amerikanische Scheinkalla *(Lysichiton americanus)*.

WICHTIG ZU WISSEN

Bei Folienteichen gerät die Uferzone schnell ins Rutschen und ist schwierig zu bepflanzen.
Hier helfen spezielle Gewebematten, die auch mit praktischen Pflanztaschen im Fachhandel erhältlich sind.

Seerosen, die ihre großen Blattteller und edlen Blütenrosetten auf dem Wasserspiegel schwimmen lassen. Typische Stauden für den Wassergarten sind alle Schwimmblatt- und Unterwasserpflanzen. Ihre Auswahl und Verwendung entscheidet wesentlich über das biologische Gleichgewicht eines Gewässers. Besonders die immer populärer werdenden Schwimmteiche verlangen eine ausgewogene und überlegte Bepflanzung, damit die Pflanzenzone die Aufgabe der Wasserklärung auch erfüllen kann.
Wer darüber mehr wissen möchte, informiert sich am besten in einem speziellen Buch über Teichbepflanzung oder einem Ratgeber zum Thema Schwimmteiche.

Der Übergangsbereich von Wasser zu Land

Feuchtbodenstauden brauchen ständig feuchten Boden, sind aber empfindlich gegen stehendes Wasser. Sie eignen sich zur Randbepflanzung in dauerhaft feuchten, aber nicht staunassen Böden. Typische Vertreter sind Mädesüß *(Filipendula ulmaria)*, Wachsblume *(Kirengeshoma palmata)*, Wiesenknöterich *(Persicaria bistorta)*, Prachtspiere (*Astilbe*-Hybriden), Zierrhabarber *(Rheum palmatum)*, Trollblume *(Trollius)* oder das imposante Mammutblatt *(Gunnera manicata)*.
Wo der Boden nicht wirklich feucht ist, also etwa bei gut abgedichteten Folienteichen oder bei Fertigbecken aus Kunststoff, kann die Uferbepflanzung auch mit Stauden erfolgen, die in normalen Böden wachsen, aber durch ihren Habitus Wassermotive

Wassergärten werden mit der passenden Staudenbepflanzung an heißen Sommertagen zu Wohlfühloasen.

Wassergärten und Sumpfbeete sind eine wertvolle Bereicherung für jeden Garten.

zitieren. Dazu zählen Taglilien *(Hemerocallis)* mit ihrem üppigen, riemenförmigen Laub, Kreuz- und Greiskräuter *(Ligularia*-Arten*)*, die große, attraktive Blätter haben, sowie verschiedene Schwertlilienarten *(Iris)*, Primeln *(Primula*-Arten, besonders die eleganten Kandelaberprimeln *P. bulleyana)*, Farne, Seggen *(Carex)*, Chinaschilf *(Miscanthus sinensis)* und Bergenien *(Bergenia)*, deren immergrünes, glänzendes Laub sich bestens zur Einfassung eines Teichs eignet. Auch Funkien *(Hosta*-Arten*)*, Schaublatt *(Rodgersia*-Arten*)*, Tafelblatt *(Astilboides tabularis)* und Silberkerzen (*Cimicifuga*-Arten) machen sich gut am Gewässerrand.

HÄUFIGE FEHLER

Die meisten Teiche in Gärten sind künstlich angelegt. Wenn nicht ohnehin Fertigbecken aus Kunststoff oder Glasfiber gewählt werden, wird meistens Teichfolie zur Abdichtung verwendet. Bei deren Verlegung muss darauf geachtet werden, dass die Ränder so abschließen, dass kein Wasser aus dem Teich in das angrenzende Erdreich versickert und dieses zur Sumpfzone macht.

Tipp

Es muss übrigens nicht immer gleich ein großer Gartenteich sein, wenn man Sehnsucht nach dem ganz besonderen Flair von Wassergärten hat. Viele Sumpf-, Feuchtboden- und Wasserstauden können auch zur Bepflanzung von Fässern oder Trögen benutzt werden, die auf diese Weise eine Art „Minibiotop" darstellen und sogar auf Terrasse oder Balkon Platz finden.

Klassische und elegante Wassergartenstauden sind Sumpfschwertlilien.

Stauden für Kiesgärten

Kiesgärten bieten Raum für eine große Artenvielfalt.

Seit einigen Jahren begeistern sich immer mehr Gartenfreunde für sogenannte Kiesgärten. Dabei handelt es sich nicht etwa um japanische Anlagen mit geharkten Kiesflächen, sondern vielmehr um interessante Staudengärten, die für Standorte mit extremen Bedingungen gedacht sind. Pionierin des Kiesgartens ist zweifellos die englische Gartenkünstlerin Beth Chatto, die im Jahr 1991 einen ehemaligen Parkplatz ihrer Gärtnerei in der ostenglischen Grafschaft Essex in einen Staudengarten verwandelte. Die Bedingungen in der äußerst niederschlagsarmen Gegend, die zudem über einen kiesigen, sehr nährstoffarmen Boden verfügt, zwangen sie dazu, genügsame und robuste Stauden zu verwenden. Das Ergebnis überraschte selbst die hartnäckigsten Zweifler: Eine unglaubliche Vielfalt und Fülle an Arten und Sorten sorgt das ganze Jahr hindurch für attraktive Beetstimmungen und aufregende Blickfänge. Gekieste Wege führen zwischen den Pflanzengruppen und den mit niedrigen Natursteinmauern eingefassten Beeten durch den Garten. Einen wesentlichen Beitrag zu dieser entspannten Atmosphäre liefert die naturnahe Bepflanzung mit ausgewählten Stauden, Gräsern, Einjährigen und einigen wenigen Gehölzen. Neben Wolfsmilchgewächsen *(Euphorbia* spec.*)* gehören Mauerpfeffer- und Fetthenne-Arten, trockentolerante Schwertlilien-Arten *(*z.B. *Iris barbata*-Hybriden und Netziris, *I. reticulata),* Sonnenröschen, Thymian-Arten, Edelraute und Wermut *(Artemisia*-Arten*)*, Lavendel und frostharte Palmlilien-Arten *(*z.B. *Yucca filamentosa)* zu den Favoriten für den Kiesgarten. Bei den Gräsern sind nicht wuchernde, horstige Arten wie z. B. Reitgras *(Calamagrostis x acutiflora)* und Federgras *(Stipa*-Arten*)* zu bevorzugen. Nicht fehlen dürfen Zwiebelpflanzen wie Zierlauch-Arten *(Allium* spec.*)*, Fackellilien *(Kniphofia*-Hybriden*)* und zahlreiche Wildformen von Tulpen, Narzissen, Krokussen und Fritillarien, die im Frühjahr und im Frühsommer für bunte Farbtupfer sorgen.

Für Kiesgärten eignen sich Hungerkünstler wie Wolfsmilcharten (*Euphorbia* spec.).

HÄUFIGE FEHLER

In der Begeisterung für die zweifellos sehr attraktiven Kiesgärten sollte man nicht so weit gehen, fruchtbares Gartenland mit einer Kiesschicht zu bedecken, nur um einen möglichst „kargen" Effekt zu erzielen. Wirklich funktionieren und überzeugen können Kiesgärten nur dort, wo die natürlichen Bedingungen entsprechend sind. Wer über einen fruchtbaren, ausreichend feuchten Gartenboden verfügt, sollte dankbar dafür sein und ihn entsprechend nutzen!

Rosmarin schützt sich mit nadelförmigem Laub vor der Austrocknung.

WICHTIG ZU WISSEN

Kiesige oder sandige magere Böden sind meist arm an Nährstoffen und von Natur aus trocken. Stauden, die hier gedeihen sollen, müssen hart im Nehmen sein. Echte Hungerkünstler erkennt man unter anderem an ihrem Laub: Silbrige, behaarte oder wachsartig bereifte Blätter, die – wie etwa beim Rosmarin – auch nadelförmig sein können, um die Verdunstung zu vermindern, helfen den Pflanzen, Durststrecken besser wegzustecken als Pflanzen, die weiches, breites Laub besitzen.

Steingartenstauden

Steingärten sind klassische Staudenparadiese. Bei diesen Liebhaberpflanzungen handelt es sich um Kombinationen aus dekorativen Steinsetzungen und vorwiegend Trockenheit liebenden Pflanzen, bei denen Stauden aus dem alpinen Raum in der Regel dominieren. Die meisten Steingärten werden an sonnigen Standorten angelegt, aber mit einer entsprechenden Pflanzenauswahl sind solche Gestaltungen auch in schattigen Gärten möglich.

Die Steine in einem Steingarten dienen nicht allein dem optischen Zweck. Sie sorgen für ein ganz spezielles Mikroklima, denn tagsüber speichern sie die Wärme, die sie abends wieder abstrahlen. Die Erdfugen zwischen den Steinen bieten einen besonderen Lebensraum für viele Pflanzen wie etwa Dachwurz *(Sempervivum)*, Farne und Polsterpflanzen.

Steingärten stellen einen in sich geschlossenen Gartenbereich dar, quasi ein Biotop besonderer Art zwischen den anderen Beeten. Damit sie nicht wie Fremdkörper wirken, müssen sie geschickt in die Gesamtanlage eingegliedert werden. Eine möglichst natürliche Wirkung entfalten sie in Hanglagen, zwischen Trockenmauern und in terrassierten Gartenbereichen. Auch in der Schräge im Übergang von höher gelegenen Terrassen zur Gartenebene kommen sie gut zur Geltung. Generell pflanzt man in Steingärten eher kleine, polsterförmig oder niedrig wachsende Stauden, damit die Steinformationen nicht überwuchert werden. Gräser wie Blauschwingel *(Festuca cinerea)*, kleine, winterharte Farne wie der Streifenfarn *(Asplenium)* und Zwiebelpflanzen, darunter Krokusse, Traubenhyazinthen *(Muscari)* und Wildtulpen *(z.B. Tulipa tarda* und *T. saxatalis)* sorgen für ein abwechslungsreiches Aussehen der Anlage. Charakteristisch für Steingärten sind vor allem robuste Wildformen vieler Stauden, darunter Steinbrecharten *(Saxifraga)*, Enziane *(Gentiana)* und kleine Nelken wie die Pfingstnelke *(Dianthus gratianopolitanus)*.

HÄUFIGE FEHLER

Bei der Gestaltung eines Steingartens sollte man die Steine immer auf die flache Seite legen, damit sie nicht wie Monumente oder Grabsteine wirken.

WICHTIG ZU WISSEN

Die meisten alpinen Stauden stehen unter Naturschutz und dürfen nicht aus der Natur entnommen werden. Viele heimische Arten werden von Gärtnereien angeboten, die sich auf alpine Pflanzen spezialisiert haben (siehe Anhang).

Unübertroffen ist die Blütenpracht eines Steingartens.

In den Steingarten gehören vor allem kleine Stauden, die in einer Rabatte untergehen würden.

Gestalten mit Stauden

Unendliche Möglichkeiten

Die richtige Planung von Staudenbeeten scheint dem Laien auf den ersten Blick schwierig und heikel zu sein. Welche Kombinationen aus den vielen Farben, Strukturen und Wuchsformen passen zueinander? Eignen sich die favorisierten Staudenarten überhaupt für den vorgesehenen Standort, und wie erreicht man es, dass ein Beet den ganzen Sommer über attraktiv und interessant wirkt? Ohne eine gewisse Staudenkenntnis ist es sicher nicht einfach, aus dem großen Angebot das Richtige auszuwählen. Deshalb ist es umso wichtiger, ein paar grundlegende Gestaltungsregeln zur Hand zu haben, die eine Art Leitfaden für die Planung bieten. Für Anfänger ist es empfehlenswert, sich nicht gleich an den großen Entwürfen berühmter Gartenkünstler zu orientieren, sondern erst einmal klein anzufangen: Ein Beet, kombiniert aus einer harmonischen Farbstimmung von Pracht-, Leit- und Begleitstauden, die ihren Höhepunkt im Frühsommer haben, ist leichter geplant, als man denkt.

Stauden mit gleichen Standortansprüchen, hier Pfingstrose und Wiesenschwertlilie, können zu reizenden Paaren kombiniert werden.

Auf den Standort kommt es an

Damit Stauden gut gedeihen, müssen ihre Standortansprüche entsprechend berücksichtigt werden. Zu den entscheidenden Faktoren zählen Licht, Temperatur, Bodenbeschaffenheit (siehe auch: Bodenvorbereitung, Seite 42), Boden- und Luftfeuchtigkeit. Viele moderne Staudenzüchtungen sind anpassungsfähiger als ihre Wildformen, was sie für unsere Gärten so wertvoll macht. Dennoch müssen die Standortansprüche zumindest ansatzweise erfüllt werden, damit aus prächtigen Stauden keine Dauerpatienten werden.
Beim Prüfen des Standorts hat es sich bewährt, wenn man den Garten zu verschiedenen Tages- und Jahreszeiten beobachtet, denn oft ändern sich die Lichtverhältnisse mit dem Lauf der Sonne oder durch die sommerliche Belaubung der umstehenden Gehölze. Ein im Frühjahr sonniges Plätzchen kann schon im Mai im Halbschatten liegen, und ein im Sommer trockener Gartenteil kann im Winter, wenn die sommergrünen Laubbäume kein Wasser aus dem Boden saugen, plötzlich recht feucht sein.

Dort, wo die Sonne lacht

Sonnige Standorte liegen die meiste Zeit des Tages, mindestens aber sechs bis acht Stunden und vor allem um die Mittagszeit, im vollen Sonnenlicht. Halbschattige Standorte werden weniger als sechs Stunden, etwa nur morgens oder abends, von der Sonne beschienen. Auch ein lichter Baumbestand kann dafür sorgen, dass Beete im Halbschatten liegen. Schattige Standorte liegen den ganzen Tag im Schatten von Gehölzen oder Gebäuden.
Genauere Informationen über die Ansprüche der jeweiligen Staudenarten erhält man in der Regel in Staudengärtnereien oder aus Katalogen. Wenn die Stauden an die richtige Stelle im Garten gepflanzt werden, minimiert sich der Pflegeaufwand und der Erfolg belohnt die Mühe, die unter Umständen zur Bodenvorbereitung aufgewendet werden musste.

Beetformen und -begrenzungen

Staudenbeete können ganz verschiedene Formen haben. Mit am häufigsten sind lange schmale oder breite Rabatten, die Wege säumen oder im Vordergrund von Mauern oder Hecken oder im Vorgarten an der Grundstücksgrenze verlaufen und nur von einer Seite her betrachtet werden. Breite Beete in Hanglagen, etwa als Verbindung zwischen Terrasse und dem übrigen Garten, sind ebenso für Staudenpflanzungen geeignet

Auch Stauden können zur Einfassung von Beeten dienen, wie hier Bärlauch und Hasenglöckchen zeigen.

wie runde Inselbeete in Rasenflächen oder organisch geschwungene Rabatten, die dem Garten ein natürliches Aussehen verleihen. Halbinselbeete, die sich wie eine Landzunge vor einer Hecke oder Mauer wölben, sind oft platzsparender als echte Inselbeete, die man von jeder Seite betrachten kann. In jedem Fall sollten Beete zum Stil des Hauses passen und sich harmonisch in den Garten einfügen. Obwohl Kontraste reizvoll sein können, wirkt ein formales Beet in einem eher wilden Garten oder ein gepflegtes Rosenbeet in einem ansonsten mehr für den Gemüseanbau genutzten Acker wie ein Fremdkörper. Vorhandene Bäume, Hecken und Sträucher sind bei der Planung eines Staudenbeetes genauso zu berücksichtigen wie Treppen, Wege und Terrassenflächen. Wichtig sind auch die Sichtachsen: Wird ein Staudenbeet geschickt platziert, zieht es alle Blicke auf sich. In einer Ecke versteckt verpufft die Wirkung nahezu ungesehen.

Tipp

Zwischen Rasenflächen und Staudenbeeten verlegte Rasenkantensteine erleichtern nicht nur erheblich die Pflege der Staudenpflanzung, sondern auch das Mähen. Auf diese Weise erspart man sich allzu häufiges Nachstechen und das Schneiden der Rasenkanten nach dem Mähen.

WICHTIG ZU WISSEN

Damit die Pflege einer Staudenrabatte nicht zu schwierig wird, sollte die Breite bei Randbeeten nicht mehr als 1,5 m betragen. Bei Rabatten, die von beiden Seiten betrachtet werden können, ist die doppelte Breite, also 3 m, empfehlenswert. Bei breiteren Anlagen muss ein möglichst unauffällig integrierter Pflegeweg eingeplant werden, der ein Ausputzen und Zurückschneiden der Stauden auch während der Wachstumssaison ermöglicht.

Stauden sind im Garten vielseitig einsetzbar.

Höhenstaffelung im Staudenbeet

Jede Staudengruppe spielt bei der Beetgestaltung eine besondere Rolle. Vor allem geht es dabei um die Höhenstaffelung, mit der man selbst auf kleinen Flächen eine überzeugende Wirkung erzielen kann. Prachtstauden stehen als exponierte Solitäre in jedem Fall im Mittelpunkt einer Gestaltung. Eine ähnlich dominante Funktion nehmen die Leitstauden ein. Als solche bezeichnet man die höchsten Staudenarten in einem Beet mit auffälliger Blütenfarbe oder -form. Sie bestimmen die Blütenfarben und -zeiten der anderen Staudengruppen. Die sogenannten Begleitstauden werden so gewählt, dass sie in Blütezeit und -farbe mit den Leitstauden harmonieren. Damit das Beet nicht zu langweilig wirkt, kombiniert man Begleitstauden mit verschiedenen Wuchsformen und Blattstrukturen miteinander. Um jede Leitstaude werden mehrere Exemplare einer Begleitstaudenart gesetzt, damit der Gesamteindruck nicht zu einem wüsten Durcheinander gerät. Verbleibende Lücken werden mit Füllstauden geschlossen. Bei Füllstauden handelt es sich um Arten mit kleineren, weniger auffälligen Blüten und unter Umständen mit attraktiver Blattzeichnung. Typische Füllstauden sind zum Beispiel die meisten Geranium-Arten. Füllstauden dürfen, müssen aber nicht zusammen mit den Leit- und Begleitstauden blühen.

Kontur und Höhe

Für Rabatten, die nur von einer Seite betrachtet werden, eignet sich ein kulissenartiger Beetaufbau. Hierfür werden die Staudenarten der Wuchshöhe nach von vorn nach hinten ansteigend gepflanzt. Bei Inselbeeten, die von jeder Seite aus betrachtet werden können, ist ein kegelförmiger Aufbau besser geeignet: Die höchsten Stauden werden in die Beetmitte gesetzt, die niedrigeren Stauden ringförmig nach außen immer niedriger werdend darum herum platziert. Beete mit Stauden, die alle die gleiche Höhe haben, kann man an Hanglagen verwirklichen. Durch die schräge Aufsicht kommen dennoch alle Arten gut zur Geltung.

WICHTIG ZU WISSEN

Weil bei Inselbeeten die höchsten Staudenarten in der Mitte den Durchblick verhindern, können auf verschiedenen Seiten des Beets auch Stauden mit unterschiedlichen Blütezeiten und Blütenfarben gepflanzt werden.

Farbe im Garten

Farben sind der Faktor, der beim Betrachten von Staudenbeeten als Erstes wahrgenommen wird. Sie wirken ungeheuer stimulierend und erzeugen, je nach Intensität und Kombination, ganz individuelle Stimmungen. Bei der Beetgestaltung kann man je

Der hohe Riesenlauch (*Allium* 'Globemaster') und Funkien bilden eine schöne Kulisse für Frauenmantel.

Violette Glockenblumen und Steppensalbei bilden ein spannungsreiches Paar.

Wollziest und Mutterkraut harmonieren perfekt miteinander.

nach Temperament und Geschmack Pflanzungen mit kontrastierenden Farben oder einfarbige Kompositionen wagen. Letztere wirken ruhig und harmonisch. Pflanzungen mit harmonischen Farben, etwa eine gelb-orangefarbene Stimmung, in die auch Rottöne ohne Blauanteil hineinspielen können, wirken ausgeglichen, aber nicht langweilig. Mit kontrastierenden Farben komponierte Beete haben sicher den meisten Pep.

Oft werden zwei komplementäre Farben, etwa Blau und Gelb oder Orange und Violett miteinander kombiniert. Auch ein Dreiklang, etwa aus Rot, Weiß und Blau, ist möglich, erfordert aber etwas mehr Fingerspitzengefühl.

WICHTIG ZU WISSEN

Besonders spannungsreich ist der Kontrast zwischen Komplementärfarben. Dabei handelt es sich um jeweils ein Farbpaar, das sich im Farbkreis gegenübersteht. Der Farbkreis zeigt ein Spektrum von zwölf reinen Farben, das kreisförmig von Gelb- über Orange-, Rot-, Violett-, Blau- und Grüntönen wieder in Gelb übergeht. Komplementär sind Rot und Grün, Blau und Orange, Gelb und Violett. Farbtöne, die auf dem Farbkreis nebeneinanderliegen, wirken dagegen harmonisch, weil sie relativ viele Farbpigmente gemeinsam haben.

Strukturen und Texturen

Nicht nur die Blütenfarben der Gewächse sind für die Wirkung eines Staudenbeets verantwortlich. Auch die Formen, die Wuchshöhen und die Strukturen der Pflanzen spielen eine wichtige Rolle. Die Textur des Laubs, der Habitus der Pflanzen, ihre Stängel, Frucht- und Samenstände tragen zum optischen Gesamteindruck einer Staudenrabatte wesentlich bei. Ein Beet, das nur aus gleich hohen Stauden besteht, wirkt schnell langweilig. Laub in immer den gleichen Grüntönen und mit ein und derselben Blattform lassen jegliche Spannung vermissen. Attraktiver und aufregender wirken Gestaltungen, bei denen deutliche vertikale Akzente mit duftigen, wolkenförmigen Stauden abwechseln, rispenförmige Blütenstände mit dolden- oder tellerförmigen kontrastieren und grasförmiges Laub sich vor breiten oder gefiederten Blättern abhebt!

Unzählige Blattformen und -farben laden zu gestalterischen Experimenten ein.

Die zarten Dolden der Aster (*Aster* x *frikartii* 'Moench') kontrastieren mit der kompakten Fetthenne.

Blütezeiten – saisonale Höhepunkte

Damit ein Staudenbeet über die ganze Sommersaison einen Blickfang bietet, ist es wichtig, die Blütezeiten der Stauden aufeinander abzustimmen. So vermeidet man saisonale Lücken und Langeweile im Beet. Der Höhepunkt vieler der schönsten Blütenstauden liegt im Frühsommer. Bei überlegter Planung kann ein Staudenbeet aber schon ab April mit Frühjahrsblühern wie Gämswurz *(Doronicum orientale)*, Akelei oder Tränendem Herz *(Dicentra spectabilis)* und Zwiebelpflanzen wie Tulpen, Kaiserkronen und Narzissen erstaunliche Wirkungen erzielen.
Werden dann noch Stauden mit späterer Blütezeit, etwa Herbstastern und Fetthenne, Arten mit besonders langer Blütezeit, etwa Flammenblume *(Phlox)* oder Sonnenhut oder remontierende Stauden (siehe Seite 18) wie Rittersporn in die Pflanzung mit einbezogen, macht das Staudenbeet vom April bis zum Oktober einen guten Eindruck und viel Freude.

Bei geschickter Planung kann man sich die ganze Saison über an Blüten und Farben erfreuen

Tipp

Treten doch einmal – etwa durch das Ausfallen einer Staude oder einen Planungsfehler – saisonale Lücken in einem Staudenbeet auf, können diese geschickt überspielt werden, indem eine eingetopfte Staude, eine blühende Kübelpflanze oder einjährige Sommerblumen, die es den ganzen Sommer über bis zum Herbst zu kaufen gibt, an die betreffende Stelle gesetzt werden. Auch eine farbige Rosenkugel oder ein anderes Zierobjekt kann vorübergehend diese Funktion erfüllen, bis zur Pflanzzeit im Herbst eine passende Staude ergänzt wird.

Frühjahr (März bis Mai)

Weiß:
Strahlenanemone *(Anemone blanda)*, Buschwindröschen *(Anemone nemorosa)*, Akelei *(Aquilegia*-Arten*)*, Gänsekresse *(Arabis)*, Tausendschön *(Bellis perennis)*, Hyazinthe *(Hyacinthus orientalis)*, Niedrige Schwertlilie (*Iris barbata-Nana*-Hybriden), Narzisse *(Narcissus)*, Tulpe *(Tulipa)*.

Gelb und Orange:
Adonisröschen *(Adonis vernalis)*, Gämswurz *(Doronicum orientale)*, Goldlack *(Erysimum cheiri)*, Goldwolfsmilch *(Euphorbia polychroma)*, Kaiserkrone *(Fritillaria imperialis)*, Niedrige Schwertlilie *(Iris barbata-Nana*-Hybriden), Narzisse *(Narcissus)*, Primel (*Primula*-Arten), Tulpen *(Tulipa)*.

Rosa und Rot:
Akelei (*Aquilegia*-Arten), Tausendschön *(Bellis perennis)*, Tränendes Herz *(Dicentra spectabilis)*, Hyazinthe *(Hyacinthus orientalis)*, Primel (*Primula*-Arten), Tulpe *(Tulipa)*.

Blau und Lila:
Strahlenanemone *(Anemone blanda)*, Bergenie (*Bergenia*-Hybriden), Kaukasus-Vergissmeinnicht *(Brunnera macrophylla)*, Frühlingskrokus *(Crocus*-Arten*)*, Hyazinthe *(Hyacinthus orientalis)*, Niedrige Schwertlilie *(Iris barbata-Nana*-Hybriden*)*, Primel *(Primula*-Arten*)*, Blausternchen *(Scilla*-Arten*)*, Tulpe *(Tulipa)*.

Frühsommer (Mai bis Juni)

Weiß:
Schafgarbe *(Achillea filipendulina)*, Waldgeißbart *(Aruncus dioicus)*, Glockenblume *(Campanula-*Arten*)*, Maiglöckchen *(Convallaria majalis)*, Nelke *(Dianthus-*Arten*)*, Storchschnabel *(Geranium-*Arten*)*, Hohe Schwertlilie *(Iris barbata-Elatior-*Hybriden*)*, Pfingstrose *(Paeonia lactiflora)* Salomonssiegel *(Polygonatum)*.

Gelb und Orange:
Frauenmantel *(Alchemilla)*, Färberkamille *(Anthemis tinctoria)*, Sonnenröschen *(Helianthemum-*Hybriden*)*, Taglilie *(Hemerocallis-*Hybriden*)*, Hohe Schwertlilie *(Iris barbata-Elatior-*Hybriden*)*, Feuerlilie *(Lilium bulbiferum)*, Lupine *(Lupinus-*Hybriden*)*, Goldfelberich *(Lysimachia punctata)*.

Rosa und Rot:
Schafgarbe *(Achillea filipendulina)*, Glockenblume *(Campanula-*Arten*)*, Spornblume *(Centranthus ruber)*, Nelke *(Dianthus-*Arten*)*, Fingerhut *(Digitalis purpurea)*, Storchschnabel *(Geranium-*Arten*)*, Lupine *(Lupinus-*Hybriden*)*, Türkenmohn *(Papaver orientale)*, Pfingstrose *(Paeonia lactiflora)*.

Blau und Lila:
Blumenlauch *(Allium-*Arten*)*, Glockenblume *(Campanula-*Arten*)*, Rittersporn *(Delphinium-*Hybriden*)*, Kugeldistel *(Echinops ritro)*, Alpen-Enzian *(Gentiana acaulis)*, Storchschnabel *(Geranium-*Arten*)*, Hohe Schwertlilie *(Iris barbata-Elatior-*Hybriden*)*, Lupine *(Lupinus-*Hybriden*)*, Katzenminze *(Nepeta-*Arten*)*, Steppensalbei *(Salvia nemorosa)*.

Hochsommer (Juli bis August)

Weiß:
Prachtspiere *(Astilbe-*Hybriden*)*, Juli-Silberkerze *(Cimicifuga racemosa)*, Margerite *(Leucanthemum x superbum)*, Madonnenlilie *(Lilium candidum)*, Schneefelberich *(Lysimachia clethroides)*, Indianernessel *(Monarda-*Hybriden*)*, Flammenblume *(Phlox maculata, P. paniculata)*.

Gelb und Orange:
Schafgarbe *(Achillea filipendulina)*, Goldaster *(Aster linosyrus)*, Mädchenauge *(Coreopsis grandiflora)*, Sonnenbraut *(Helenium-*Hybriden*)*, Staudensonnenblume *(Helianthus-*Arten*)*, Sonnenauge *(Heliopsis helianthoides)*, Kreuzkraut *(Ligularia-*Arten*)*, Brandkraut *(Phlomis russeliana)*, Sonnenhut *(Rudbeckia-*Arten*)*, Goldrute *(Solidago-*Arten*)*.

Rosa und Rot:
Malven, Stockrosen *(Alcea rosea, Malva-* und *Lavatera-*Arten), Prachtspiere *(Astilbe-*Hybriden*)*, Purpur-Sonnenhut *(Echinacea purpurea)*, Sommer-Enzian *(Gentiana septemfida)*, Indianernessel *(Monarda-*Hybriden*)*, Bartfaden *(Penstemon-*Hybriden*)*, Flammenblume *(Phlox maculata, P. paniculata)*.

Blau und Lila:
Sommer-Eisenhut *(Aconitum henryi, A. napellus, A. lamarckii)*, Sommeraster *(Aster amellus, A. x frikartii)*, Feinstrahl *(Erigeron)*, Lavendel *(Lavandula)*, Bartfaden *(Penstemon-*Hybriden*)*, Flammenblume *(Phloxmaculata, P. paniculata)*, Ballonblume *(Platycodon grandiflorus)*, Ehrenpreis *(Veronica-*Arten*)*.

Spätsommer und Herbst
(September bis Oktober)

Weiß:
Japananemone *(Anemone hupehensis, A. japonica)*, Herbstaster *(Aster*-Arten*)*, Chrysantheme *(Chrysanthemum-Indicum*-Hybriden*)*, September-Silberkerze *(Cimicifuga ramosa)*, Rittersporn *(Delphinium*-Hybriden*)*, Gelenkblume *(Physostegia virginiana)*.

Gelb und Orange:
Chrysanthemen *(Chrysanthemum-Indicum*-Hybriden*)*, Sonnenbraut *(Helenium*-Hybriden*)*, Stauden-Sonnenblume *(Helianthus*-Arten*)*, Sonnenauge *(Heliopsis helianthoides)*, Sonnenhut *(Rudbeckia*-Arten*)*, Goldrute *(Solidago*-Arten*)*.

Rosa und Rot:
Herbstanemone *(Anemone hupehensis, A. japonica)*, Herbstaster *(Aster*-Arten*)*, Herbst-Zeitlose *(Colchicum*-Arten*)*, Montbretie *(Crocosmia*-Hybriden*)*, Chrysantheme *(Chrysanthemum-Indicum*-Hybriden*)*, Gelenkblume *(Physostegia virginiana)*, Fetthenne *(Sedum spectabile, S. telephium)*.

Blau und Lila:
Herbst-Eisenhut *(A.* x *carmichaelii)*, Herbstaster *(Aster*-Arten*)*, Herbstkrokus *(Crocus*-Arten), Rittersporn *(Delphinium*-Hybriden), Bleiwurz *(Ceratostigma plumbaginoides)*, Steppensalbei *(Salvia nemorosa)*.

Herbst und Winter
(Oktober bis März)

Weiß:
Frühlingskrokus *(Crocus*-Arten*)*, Schneeglöckchen *(Galanthus*-Arten*)*, Christrose *(Helleborus niger)*, Lenzrose *(Helleborus orientalis)*.

Gelb und Orange:
Adonisröschen *(Adonis vernalis)*, Sumpfdotterblume *(Caltha palustris)*, Frühlingskrokus *(Crocus*-Arten*)*, Winterling *(Eranthis hyemalis)*, Primel *(Primula veris)*.

Rosa und Rot:
Frühlings-Alpenveilchen *(Cyclamen coum)*, Lenzrose *(Helleborus orientalis)*.

Blau und Lila:
Frühlingskrokus *(Crocus*-Arten*)*, Netziris *(Iris reticulata)*, Küchenschelle *(Pulsatilla vulgaris)*, Duftveilchen *(Viola odorata)*.

Gründlich planen zahlt sich aus

Ganz gleich, ob man ein kleines oder ein großes Staudenbeet plant, ein Pflanzplan macht es leichter, die Anzahl der benötigten Pflanzen und deren Verteilung im Beet zu kalkulieren. Zum Entwerfen eines solchen Pflanzplans muss man kein ausgebildeter Gartenarchitekt sein – ein Maßband, ein Blatt Millimeterpapier, ein paar Buntstifte und etwas Fantasie reichen aus. Am besten beginnt man damit, das zukünftige Beet im Garten abzustecken und auszumessen. Bei größeren Beeten mit geschwungenen Konturen hat sich das Auslegen eines Gartenschlauchs bewährt. So kann man die Umrisse des Beetes markieren und anschaulich machen.

Die Maße des Beetes überträgt man dann möglichst in einem Verhältnis 1:100 auf Millimeterpapier (1 m im Garten = 1 cm auf dem Pflanzplan). Eventuell vorhandene Strukturen, etwa Gehölze, Mauern oder Wege, trägt man vor dem Einzeichnen der einzelnen Stauden in den Plan ein. Als Nächstes zeichnet man die Pracht- und Leitstauden ein, die das Thema des Staudenbeets bestimmen. Für jede Pflanze zeichnet man einen Kreis mit dem Durchmesser, den die Staude im ausgewachsenen Zustand erreicht. Danach trägt man in gleicher Weise die Begleitstauden ein und füllt die verbleibenden Zwischenräume mit den Füllstauden. Machen Sie sich anhand des Pflanzplans eine Liste mit Art und Anzahl der benötigten Stauden, bevor Sie zum Einkauf aufbrechen. Das erleichtert die Sache enorm und spart Zeit. Außerdem lassen sich die Kosten für ein Beet auf diese Weise gut im Vorfeld abschätzen.

Millimeterpapier, Bleistift, Geodreieck und Lineal – mehr braucht es nicht für einen Gartenplan.

WICHTIG ZU WISSEN

Weil nicht immer gleich der erste Entwurf die optimale Lösung darstellt, lohnt es sich, wenn man mehrere Kopien der Rohfassung des Pflanzplans anfertigt und verschiedene Entwürfe macht, die man anschließend miteinander vergleicht. So können unterschiedliche Farbstimmungen oder Strukturen am Reißbrett ausprobiert werden, bevor man sich für eine Version entscheidet und diese dann in die Tat umsetzt.

IMMER MIT DER RUHE

Bei der Planung von Staudenbeeten sollte man nichts überstürzen, Rom ist auch nicht an einem Tag erbaut worden! Der große Vorteil von Staudenpflanzungen besteht darin, dass sie sich über Jahre entwickeln. Was nicht im ersten Jahr entsteht und gedeiht, kann später noch ergänzt und korrigiert werden, bis das Ergebnis überzeugt.

Die Lenzrose *(Helleborus orientalis)* findet in Zwiebelpflanzen passende Begleiter.

Stauden pflanzen und pflegen

Mit richtiger Planung Arbeit sparen

Erfolgreich Gärtnern mit Stauden bedeutet vor allem, über die Eigenschaften und Bedürfnisse der Pflanzen Bescheid zu wissen und dieses Wissen auch zu nutzen. Anders als bei einjährigen Sommerblumen kommt es beim Gärtnern mit Stauden besonders auf den „langen Atem“ an, also darauf, dass die Pflanzen nicht nur eine Saison lang Freude schenken, sondern sich zu echten Dauerbrennern im Garten entwickeln. Der richtige Umgang mit Stauden beginnt schon bei Auswahl und Kauf, geht über das Pflanzen, Wässern und Düngen bis hin zum Winterschutz. Werden die Stauden älter, spielen Rückschnitt und Verjüngen eine wichtige Rolle. Und weil man vom Guten nie genug haben kann, sollte auch die Vermehrung nicht zu kurz kommen. Damit alles prächtig gedeiht und keinen Schaden nimmt, achtet man natürlich auch auf möglicherweise auftretende Krankheiten und Schädlinge. Die Pflege von Stauden ist kein Hexenwerk und weit weniger aufwendig, als man vielleicht glaubt. Tatsächlich ist ein gut geplantes Staudenbeet, wenn es erst einmal eingewachsen ist, wesentlich pflegeleichter als eine Rasenfläche, ganz zu schweigen von der Attraktivität, die blühende Rabatten und duftende Beete ausstrahlen!

Spezialisierte Staudengärtnereien beeindrucken mit großer Auswahl.

Staudengärtnereien halten ein reiches Sortiment an Pflanzen bereit und stehen bei der Auswahl beratend zur Seite.

Auswahl und Kauf

Manche Stauden kann man selbst aussäen, teilen oder durch Stecklinge vermehren (siehe Seite 51), manches wird auch „über den Gartenzaun gereicht", also von Nachbarn und Freunden geschenkt. Die meisten Gartenfreunde werden aber ihre Stauden als Jungpflanzen in kleinen Pflanzcontainern im Handel erwerben. Inzwischen wird in fast jedem Bau- oder Gartenmarkt eine ganze Palette schöner Stauden zum Kauf angeboten. Auch der Gartenversandhandel mit Stauden über Katalog oder Internet blüht. Wer sichergehen möchte, gesunde, robuste und vor allem sortenechte Stauden zu erwerben, sollte einen Fachbetrieb aufsuchen, wo er die Pflanzen vor Ort begutachten und auswählen kann. Inzwischen gibt es viele hervorragende Gärtnereien, die sich auf Stauden spezialisiert haben. Manche haben sich sogar überregional einen Namen gemacht und sind ein wahres Pilgerziel von Staudenenthusiasten. Wenn die Zeit und die Größe des Betriebs es zulassen, geben die Staudengärtnereien auch Sortimentskataloge heraus, sodass man zu Hause bereits eine Vorauswahl treffen und die Kosten kalkulieren kann, bevor es zum Einkauf vor Ort geht.

Auf Qualität achten

Gesunde Stauden erkennt man daran, dass sie frisches Laub ohne Flecken, Pilzbefall oder Fraßspuren von Schädlingen haben. Aus der Pflanzenbasis sollten zahlreiche gesunde Triebe herausstehen, an denen man erkennt, dass die Pflanze sich weiterentwickelt. Da die meisten Stauden in Plastiktöpfen („Containern") angeboten werden, kann man die Wurzeln auf ihre Gesundheit hin prüfen. Gesunde Pflanzen haben dichte, aber nicht völlig verfilzte Wurzelballen und ausreichend viel Erde zur Verfügung. Die Erde darf dabei weder triefnass noch völlig ausgetrocknet sein. Junge Wurzelspitzen sind hell, weich und riechen nach Erde, nicht nach Fäulnis. Verfilztes Wurzelwerk, das unten aus den Abzugslöchern des

Tipp

Vermeiden Sie es, blühende Jungpflanzen zu kaufen. Die Blüten- und Samenbildung kostet die Pflanze unnötig Kraft, die ihr dann zur Wurzelbildung fehlt. Schneiden Sie die Blüten notfalls ab, die Staude dankt es Ihnen, indem sie später umso üppiger blüht!

Containers quillt, oder spärliche, abgefaulte Wurzeln, ein wackliger Stand der Pflanze im Container oder verkümmertes Laub lassen auf keine gute Kinderstube schließen. Von solchen Pflanzen lässt man besser die Finger, denn sie könnten nicht nur zu Dauerpatienten werden, sondern auch Krankheiten oder Schädlinge in den Garten einschleppen.

Durch vorsichtiges Austopfen kann man die Qualität des Wurzelballens prüfen.

WICHTIG ZU WISSEN

Die Stauden aus Garten- und Baumärkten kommen selten aus der Region und sind oft unter völlig anderen klimatischen Bedingungen, vielleicht sogar im Treibhaus, gezogen worden. Das macht es ihnen mitunter schwierig, sich mit den Boden- und Klimaverhältnissen vor Ort zu arrangieren. Stauden aus Gärtnereien der Region haben den Vorteil, an das lokale Klima angepasst zu sein. Sie sind robuster und wachsen meist zuverlässig an.

Weiche, dunkle, vor allem aber feuchte oder schmierige Stellen sowie jeder noch so kleine Schimmelbefall sind Anzeichen für eine schlechte Lagerung und sollten vom Kauf solcher Ware abhalten.

Pflanzenkauf ist immer Vertrauenssache.

WICHTIG ZU WISSEN

Die meisten Zwiebeln gibt es in mehreren Größensortierungen, wobei die größten am teuersten sind, aber auch die üppigsten Blüten hervorbringen. Dennoch sind mittelgroße Zwiebeln oft gesünder und robuster als die übergroßen Exemplare.

Zwiebeln und Knollen kaufen

Die meisten gebräuchlichen Arten und Sorten von Zwiebel- und Knollenpflanzen bietet der Gartenfachhandel rechtzeitig zur passenden Pflanzzeit an. Anfänger finden hier alles, was sie brauchen. Wer spezielle Arten und Sorten sucht, kann diese meist in Staudengärtnereien oder bei renommierten Versandfirmen finden, die sich auf Zwiebel- und Knollenpflanzen spezialisiert haben (Adressen im Anhang). Auch wenn inzwischen jeder Supermarkt um die Ecke im Herbst Narzissen- und Tulpenzwiebeln anbietet, muss man beim Kauf von Blumenzwiebeln auf Qualität achten, denn nur aus frischen, gesunden Exemplaren sprießen auch prächtige Blüten. Die Zwiebeln und Knollen müssen eine kompakte Konsistenz haben. Vertrocknete Exemplare lässt man besser genauso liegen wie matschige.

Die Auswahl an Blumenzwiebeln ist schier unerschöpflich.

Die richtigen Pflanzabstände

Der richtige Pflanzabstand hängt davon ab, wie breit die jeweiligen Staudenarten werden und welches Bild die Pflanzung ergeben soll. Manche Stauden bilden kompakte Horste, andere neigen dazu, sich durch Ausläufer auszubreiten. Das muss bei der Planung berücksichtigt werden. Als Faustregel gelten fünf bis sechs Pflanzen pro Quadratmeter.

Bei Arten, die sich rasch in die Breite ausdehnen, wie etwa Raublattaster, Sonnenbraut oder Goldrute, genügen auch schon zwei bis drei Pflanzen pro Quadratmeter. Bei kleineren Beetstauden wie Steppensalbei, Sonnenhut oder Bartfaden *(Penstemon)* benötigt man sechs bis acht Pflanzen, bei Steingartenpflanzen sogar acht bis zehn Pflanzen pro Quadratmeter. Werden Stauden als Bodendecker verwendet, rechnet man etwa zwölf Pflanzen pro Quadratmeter.

Pflanzzeit für Stauden ist im Frühjahr und im Herbst

Eine Ausnahme bilden Prachtstauden wie Pfingstrosen, Taglilien, Türkenmohn oder Blattschmuckstauden wie Schaublatt *(Rodgersia)* und Bärenklau *(Acanthus)*, die mehr Platz beanspruchen. Je nach Entwicklungsstand brauchen sie bis zu einem Quadratmeter Fläche pro Pflanze.

Wann werden Stauden gepflanzt?

Die besten Zeiten zum Pflanzen von Stauden sind das Frühjahr und der Herbst, wenn die Pflanzen sich in der Ruhezeit befinden. Optimal ist eine Pflanzung im Frühjahr vor dem Austrieb der Stauden. Sie wurzeln dann mit dem Beginn des Wachstums gut ein und entwickeln sich rasch. Im Herbst gepflanzte Stauden müssen bis spätestens Oktober in die Erde kommen, damit sie noch vor dem ersten Frost anwachsen.

Empfindliche Arten brauchen dann einen Winterschutz wie etwa eine Abdeckung mit Nadelreisig. Pfingstrosen sollten grundsätzlich nur im Herbst gesetzt werden. Von der Herbstpflanzung ausgeschlossen sind alle Gräser und Farne, da sie im Winterhalbjahr nicht anwurzeln.

Ähnlich verhält es sich mit den meisten mediterranen Halbsträuchern wie Lavendel, Sonnenröschen und Heiligenkraut *(Santolina)*. Eine Herbstpflanzung vermeiden sollte man auch bei typischen Herbstblühern wie Chrysanthemen *(Dendranthema-Indicum-*Hybriden*)* und Fackellilien *(Kniphofia-*Hybriden*)*.

HÄUFIGE FEHLER

Oft werden bei der Neuanlage eines Staudenbeets die Pflanzen ziemlich dicht gesetzt, damit es „nach was aussieht". Zu dicht gesetzte Stauden behindern sich jedoch gegenseitig, machen sich Wasser, Licht und Nährstoffe streitig und müssen oft schon nach einer Saison ausgedünnt werden. Besser, man lässt jeder Pflanze genug Raum und wartet eine Saison, bis man eventuell vorhandene Lücken mit zusätzlichen Exemplaren füllt.

IMMER MIT DER RUHE

Da viele Stauden inzwischen fast ganzjährig in Containern angeboten werden, kann man robuste Arten auch außerhalb der eigentlichen Pflanzzeit relativ problemlos pflanzen. Allerdings sollte man es vermeiden, bei Frost oder in glühender Sommerhitze zu pflanzen. Die Gefahr, dass die Pflanzen dann nicht anwachsen, ist zu groß.

Die Zwiebeln der im Herbst blühenden Zeitlosen *(Colchicum autumnale)* werden im Sommer gepflanzt.

Blumenzwiebeln pflanzen

Die beste Pflanzzeit für alle im Frühjahr blühenden, frostharten Zwiebelpflanzen wie Tulpen, Narzissen, Krokusse, Zierlauch und Hyazinthen ist der Herbst. Im Handel werden die Zwiebeln meist schon ab September angeboten. Gepflanzt wird dann, wenn die Sommerblumen verblüht sind und dadurch Platz in den Beeten ist, also in der Regel ab Oktober. Bis zum ersten Frost sollten die Zwiebeln in der Erde sein, damit sie die feuchten Herbstwochen noch nutzen können, um vor dem Winter Wurzeln zu bilden. So können sie im folgenden Frühjahr gleich richtig durchstarten.

Eine Ausnahme bilden Kaiserkronen und Madonnenlilien *(Lilium candidum)*. Sie werden bereits im Sommer (ab Ende August) gepflanzt. Auch die im Herbst blühenden Krokusarten, die Zeitlosen *(Colchicum)* und Gewitterblumen *(Sternbergia)* müssen bereits im Sommer gepflanzt werden. Schneeglöckchen wurzeln bei einer Herbstpflanzung nur schwer an. Sie werden deshalb am besten gleich nach der Blüte vor dem Einziehen des Laubs noch im späten Februar oder im März verpflanzt.

Nicht oder nicht ausreichend winterharte Zwiebel- und Knollengewächse wie Dahlien, Knollenbegonien *(Begonia* x *tuberhybrida)* und Ranunkeln *(Ranunculus)* pflanzt man erst dann ins Freiland, wenn keine Nachtfröste mehr drohen. Durch Vortreiben in erdgefüllten Kisten oder Töpfen ab Frühjahrsmitte kann man diesen Pflanzen aber einen Vorsprung von einigen Wochen verschaffen. Mit dem Treiben sollte jedoch nicht zu früh begonnen werden, damit die Pflanzen nicht zu lange weiche Triebe bilden, die dann anfällig für Sonnenbrand oder Schädlingsbefall werden.

Für winterharte Sommer- und Herbstblüher wie Montbretien, Steppenkerzen und Dreiblatt *(Trillium)* ist das Frühjahr die beste Pflanzzeit. Einige Zwiebel- und Knollenpflanzen wie Prachtscharte *(Liatris spicata)* und Wildalpenveilchen *(Cyclamen*-Arten*)* können sowohl im Frühjahr als auch im Herbst gepflanzt werden.

IMMER MIT DER RUHE

Wurde die Pflanzzeit für Blumenzwiebeln im Herbst verpasst, können viele im Frühjahr blühende Zwiebelpflanzen noch gegen Ende des Winters gepflanzt werden, sobald der Boden nicht mehr gefroren ist. Sie brauchen zwar etwas länger als im Herbst gepflanzte Exemplare, blühen dann aber später genauso schön.

Kaiserkrone *(Fritillaria imperialis)*

Eine Faustregel besagt, dass die Pflanztiefe etwa zwei- bis dreimal so tief sein sollte, wie die Zwiebeln dick sind. Eine Ausnahme bilden die fleischigen Rhizome der hohen Iris-Arten. Sie sind anfällig für Fäulnis und werden nur ganz flach eingegraben, sodass die Oberseite des Rhizoms noch etwas aus der Erde schaut. Die beste Pflanzzeit für diese Iris-Arten ist der August.

WICHTIG ZU WISSEN

Wühlmäuse haben viele Zwiebel- und Knollenpflanzen zum Fressen gern. Meistens bemerkt man den Schaden erst, wenn es zu spät ist.
Deshalb empfiehlt es sich, in Gärten mit Wühlmauspopulationen die Zwiebeln in ausreichend große, nach oben offene Körbchen aus engmaschigem Draht zu vergraben.

ALLERHÖCHSTE ZEIT

Die empfindlichen Zwiebeln von Lilien und Kaiserkronen trocknen rasch aus und sind dann unbrauchbar.
Deshalb werden sie meist in Säckchen mit feuchten Sägespänen oder Torf verkauft. Man sollte sie nicht lange lagern, sondern unmittelbar nach dem Kauf einpflanzen.

Den Boden bereiten

Vor dem Pflanzen steht die Bodenvorbereitung. Weil es verschiedene Böden gibt und jede Staudenart eigene Ansprüche an die Zusammensetzung des Bodens hat, ist eine Bodenuntersuchung empfehlenswert. Zum Testen des Bodens stehen verschiedene Methoden zur Verfügung. Am einfachsten ist die sogenannte Fingerprobe. Dazu nimmt man eine Handvoll Erde aus etwa 15 cm Tiefe und drückt sie mit den Fingern zusammen. Stark tonhaltiger Boden lässt sich gut kneten. Ein daraus geformtes Klümpchen wird beim Trocknen hart und bleibt kompakt. Solcher Boden eignet sich nicht besonders gut für die Anlage eines Staudenbeets. Durch die Zugabe von Sand und Humus (Kompost) kann er verbessert werden.
Lehmboden lässt sich ebenfalls kneten, zerbröselt beim Trocknen aber schneller. Er hält Nährstoffe und Feuchtigkeit gut und braucht in der Regel keine Verbesserungsmaßnahmen. Für eine gute Entwicklung der Pflanzen kann aber organischer Dünger (Kompost) eingearbeitet werden.

Unkrautwurzeln wie die der Zaunwinde müssen gründlich entfernt werden.

Ein guter Bodenverbesserer und gleichzeitig eine geschätzte Bienenweide ist der einjährige Bienenfreund *(Phacelia)*.

Sandboden hat eine fühlbare Körnchenstruktur, lässt sich nicht formen oder kneten und rieselt beim Trocknen durch die Finger. Er trocknet rasch aus und hält Nährstoffe nicht lang. Manche Stauden wie Steppenkerzen *(Eremurus*-Arten*)* bevorzugen Sandböden, für andere sollte er durch die Zugabe von Lehm und Humus bindiger gemacht werden.
Humusboden ist die einzige Bodenart nicht mineralischen Ursprungs und wird von verrotteten Pflanzen erzeugt, durch die er auch seine faserige Struktur erhält. Er speichert die Feuchtigkeit gut und enthält reichlich Nährstoffe. Durch die Zugabe von Sand wird er durchlässiger.

Sauer oder kalkig

Neben der Struktur entscheidet auch der Säuregrad des Bodens darüber, für welche Staudenarten er geeignet ist. Den Säuregrad, auch als pH-Wert bezeichnet, kann man einfach selbst mit einem Testset aus dem Fachhandel bestimmen. Die meisten Stauden bevorzugen einen neutralen bis leicht basischen Boden mit einem pH-Wert zwischen 5,5 bis 7.

HÄUFIGE FEHLER

Damit nicht schon bald Wildkräuter die Oberhand gewinnen, müssen bei jeder Neuanlage eines Staudenbeets alle Unkrautwurzeln gründlich entfernt werden. Besonders fleischige Wurzeln wie die von Zaunwinde, Hexenkraut oder Giersch treiben sonst aus kleinsten Wurzelabschnitten rasch wieder aus und machen eine spätere Bekämpfung fast unmöglich.

Professionelle Bodenanalyse

Wer auf Nummer sicher gehen möchte, kann den Boden seines Gartens einer professionellen Bodenanalyse unterziehen. Dies erfolgt entweder durch eine staatliche Untersuchungsanstalt oder ein privates Labor. Das ist nicht ganz preiswert, aber oft werden solche Komplettanalysen im Rahmen einer Sonderaktion von Gartencentern oder Gartenzeitschriften angeboten.

Es lohnt sich, die Bodenbeschaffenheit zu analysieren bevor man mit dem Pflanzen beginnt.

Schlämmprobe

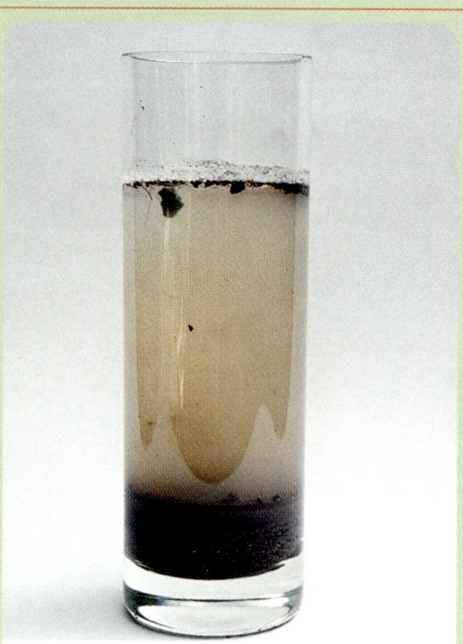

Die Schlämmprobe zeigt die Anteile von Sand, Humus und Lehm.

Für die Schlämmprobe zur Feststellung der Bodenbeschaffenheit wird eine kleine Menge Erde in ein Glas mit Wasser gegeben.
Nach dem Umrühren sinkt der Sand zu Boden. Lehm löst sich auf und trübt das Wasser. Faserige Humusanteile schwimmen obenauf. Nach einer Weile setzt sich der Lehm oberhalb der Sandschicht ab. So können die Volumenanteile der jeweiligen Bestandteile im Boden bestimmt werden.

Das Pflanzen von Stauden

Nach der Bodenvorbereitung kann als Starthilfe noch etwas Kompost oder mineralischer Volldünger in die Erde eingearbeitet und das Beet mit einem Rechen geglättet werden. Bevor mit der eigentlichen Pflanzarbeit begonnen wird, sollte man sich über die Anzahl und Verteilung der Einzelpflanzen Gedanken gemacht haben. Hierbei hilft ein Pflanzplan, den man entweder fertig aus Gartenzeitschriften oder -büchern übernehmen oder selbst entwerfen kann (siehe Seite 35). Dann verteilt man die Pflanzen gemäß des Pflanzplans oder nach eigenem Geschmack auf dem Beet. So können noch Korrekturen bei der Verteilung oder den Pflanzabständen vorgenommen werden.
Containerpflanzen taucht man vor dem Aufstellen so lange in ein Wasserbecken, bis keine Luftblasen mehr aus dem Topf aufsteigen. Wenn die Verteilung zufriedenstellend ist, gräbt man für jede Staude ein Loch, das etwas größer als deren Wurzelballen ist. Beim Austopfen aufpassen, dass keine Wurzeln abgerissen werden – notfalls den Plastikcontainer zerschneiden! Verfilzte Wurzelballen lockert man vorsichtig auf und breitet die Wurzeln locker im Pflanzloch aus. Die Pflanze soll genauso tief in die Erde gesetzt werden, wie sie auch vorher im Topf war, also weder in einen Trichter gesetzt noch angehäufelt werden. Dann wird nach und nach mit Erde aufgefüllt. Bei großen Stauden zwischendurch die Erde immer wieder andrücken, damit keine Hohlräume entstehen! Zum Schluss die Erde um die neu gesetzte Pflanze gut andrücken. Wenn alle Pflanzen gesetzt sind,

HÄUFIGE FEHLER

Gartenarbeit macht an warmen, sonnigen Tagen natürlich am meisten Spaß. Aber zum Pflanzen eignen sich trübe, feuchte Tage besser. Die Stauden, deren Wurzelsystem beim Umpflanzen meist beschädigt wird, leiden dann nicht unter Hitzestress und Trockenheit und bilden rascher neue Wurzeln.

Tipp

Größere Stauden pflanzt man genauso wie kleine, aber nach dem Pflanzen formt man mit etwas Erde einen ringförmigen Gießrand um die Pflanze, damit das Gießwasser nicht wahllos in alle Richtungen abfließt.

wird die gesamte Neupflanzung vorsichtig, aber gründlich gewässert. Das ist auch bei feuchter Witterung nötig, damit die Wurzeln Bodenschluss bekommen. Auch in den folgenden Tagen muss die Neupflanzung feucht gehalten werden. In trockenen Wetterperioden hilft eine Abdeckung des Bodens mit Mulch (z. B. Rasenschnitt) den Boden feucht zu halten.

WICHTIG ZU WISSEN

Organische Dünger gelten als Langzeitdünger, weil sie nur langsam im Boden aufgeschlossen werden und den Pflanzen die Nährstoffe über einen langen Zeitraum zur Verfügung stellen. Die meisten organischen Dünger sind arm an Kalium. Dieses Manko kann man durch Gaben von Rindenkompost aus dem Gartenfachhandel ausgleichen.

Richtig düngen – die Menge machts

In Gärten wird der natürliche Kreislauf von Werden und Vergehen unterbrochen, denn wir wollen dort möglichst viele schöne, üppig blühende Pflanzen sehen. Welkes und Verblühtes werden ausgeschnitten, entsorgt und dadurch Nährstoffe dem Kreislauf entzogen. Selbst fruchtbare Böden werden so mit der Zeit ausgelaugt. Die dem Nahrungskreislauf entzogenen Substanzen müssen durch Düngung ersetzt werden. Besonders wichtig ist Stickstoff (chemisches Zeichen: N). Er begünstigt das Wachstum von Blättern, Trieben und Wurzeln. Im Übermaß verabreicht schwemmt er die Pflanzen jedoch auf, macht sie „mastig“ und anfällig für Krankheiten und Schädlinge. Phosphor (P) steigert die Blühfreude von Pflanzen, und Kalium (K) sorgt für festes Gewebe, wodurch die Pflanzen robuster und widerstandsfähiger werden. Kalium ist besonders im Herbst wichtig, damit die Triebe der Pflanzen vor dem winterlichen Frost gut aushärten.

Was sind organische Dünger?

Es gibt mineralische und organische Dünger sowie Düngermischungen, die organisch aufgebaut sind, aber mineralisch ergänzt wurden. Die natürlich hergestellten organischen Dünger setzen sich aus verarbeiteten pflanzlichen oder tierischen Bestandteilen zusammen. Sie düngen nicht nur die Pflanzen, sondern sorgen auch für eine Verbesserung der Bodenqualität, indem sie die Entwicklung einer gesunden Bodenflora und -fauna unterstützen. Der bekannteste organische Dünger ist Kompost. Er kann in jedem Garten selbst produziert werden und ist deshalb unschlagbar günstig. Ähnlich preiswert sind selbst hergestellte Pflanzenjauchen (siehe Seite 61). Andere organische Dünger sind Hornspäne und Hornmehl, Holzasche und Knochenmehl. Geflügel-, Rinder- oder Pferdemist sind ebenfalls sehr beliebte organische Dünger, die aber, um Schäden an den Pflanzen zu vermeiden, nur in verrottetem und verdünntem Zustand ausgebracht werden dürfen. Außerdem gibt es im Handel noch organische Dünger aus Algen, Pilzsubstrat, Seevogelkot (Guano) und Mischungen der verschiedenen Produkte.

Beim Düngen lohnt es sich, die Dosiervorschriften genau zu befolgen.

Organische Dünger geben Nährstoffe mit der Zeit ab.

Der Fachhandel hält zahlreiche Spezialdünger auf Lager.
Am besten, man lässt sich beim Kauf fachmännisch beraten.

Mineralische Düngemittel

Mineralische Dünger, oft auch als Kunstdünger bezeichnet, werden synthetisch hergestellt. Als Universal- oder Volldünger enthalten sie Stickstoff, Phosphor und Kalium zu gleichen Teilen, ergänzt durch Mineralien und Spurenelemente. Als Spezialdünger haben sie eine auf den jeweiligen Zweck zugeschnittene Zusammensetzung. Bei normalen mineralischen Düngern werden die Nährstoffe sofort freigesetzt und für die Pflanzen verfügbar. Allerdings lässt die Wirkung auch relativ rasch wieder nach, wenn die Nährstoffe von den Pflanzen aufgenommen oder aus dem Boden ausgeschwemmt wurden. Deshalb muss öfter nachgedüngt werden. Moderne mineralische Vorrats- oder Depotdünger setzen ihre Nährstoffe nur nach und nach frei und machen eine Nachdüngung über Monate überflüssig. Alle mineralischen Dünger wirken physiologisch sauer. Mit der Zeit mangelt es mineralisch gedüngten Böden an Kalk. Das kann man durch Gaben von kohlensaurem Kalk oder Algenkalk beheben. Je niedriger der Humusgehalt des Bodens ist, desto mehr muss gekalkt werden.

Der richtige Zeitpunkt

Gedüngt wird nicht vor März, denn in der winterlichen Vegetationspause werden die angebotenen Nährstoffe von den Pflanzen nicht aufgenommen. Mineralische Dünger sollten wegen ihrer raschen Wirkung sogar nicht vor April ausgebracht werden.
Im Frühjahr brauchen die Stauden viel

Nährstoffmängel, ihre Symptome, Ursachen und Behebung

Schadbild	Ursache	Behebung
Gelbe Blätter mit dunkelgrünen Blattadern	Eisenmangel	Düngung mit eisenhaltigen Düngern
Kümmerwuchs, ausbleichende Blätter	Stickstoffmangel	Verabreichen eines organischen oder mineralischen Volldüngers
Mangelnde Blühfreude und kleine, bläulich rote Blätter	Phosphormangel	Verabreichen von Thomassulfat und eines organischen oder mineralischen Volldüngers
Kränkelnder Wuchs, welkende Blätter	Kaliummangel	Verabreichen von Kaliumsulfat und eines organischen Volldüngers

Stickstoff für ihr Wachstum. Bei den organischen Düngern bietet den vor allem Hornmehl. Später, wenn die Blüten sich entwickeln, ist Phosphor und Kalium gefragt, die in Knochenmehl enthalten sind. Verwendet man mineralische Dünger, muss im Frühjahr mit stickstoffreichen, im Sommer mit stickstoffarmen Düngern gearbeitet und im Herbst rechtzeitig auf kaliumhaltige Dünger umgestellt werden.
Ab September wird die Düngung eingestellt, damit die Stauden vor dem Winter noch gut aushärten können. Gedüngt wird nur an bedeckten, regnerischen Tagen, damit die Nährstoffe gleich mit dem Regen in den Boden gelangen. An sonnigen Tagen kann auf die Blätter verschütteter Dünger Verbrennungen verursachen.

HÄUFIGE FEHLER

Häufig wird in der Hoffnung auf besonders üppigen Blütenflor nicht mit Dünger gegeizt. Dabei werden die Pflanzen in Stress versetzt oder sogar „verbrannt", wenn die Düngerkonzentration zu hoch war.
Tatsächlich gehen in unseren Gärten mehr Pflanzen an Überdüngung als an Nährstoffmangel zugrunde. Wenn eine Staude nicht so üppig wie erhofft blüht, kann es auch an der Sorte bzw. der Auslese liegen. Was eine Staude von Natur aus nicht leisten kann, wird ihr dann auch kein Spitzendünger entlocken.

ALLERHÖCHSTE ZEIT

Zu viel Kalk im Boden kann bei manchen Pflanzen zu Eisenmangel führen, was sich an gelb verfärbten Blättern (Chlorosen) zeigt. Treten solche Blattbleichen auf, sind sofort eisenhaltige Spezialdünger aus dem Fachhandel angesagt, damit die Staude nicht eingeht.

Gießen, aber richtig

In Zeiten des Klimawandels bekommt das Kapitel Gießen eine neue Dringlichkeit. Lange Trockenperioden im Frühjahr und Sommer, wie sie immer häufiger auftreten, können Stauden ernsthaft schaden. Besonders Jungpflanzen und neu gepflanzte Beete sind anfällig für Trockenschäden. Eingewurzelte Stauden überstehen kurzfristige Trockenheit dagegen eher. Deshalb sollte man Stauden im ersten Jahr der Pflanzung schon bei geringer Trockenheit gießen. Ein deutliches Anzeichen für Wasserbedarf sind welkende Blätter und nickende Blütenköpfchen.
Besser ist es jedoch, wenn es gar nicht erst so weit kommt. An heißen Sommertagen gießt man daher schon, wenn der Boden beginnt trocken zu werden. Die beste Tageszeit für das Gießen ist morgens. In der Mittagshitze verdunstet unnötig viel Wasser an der Erdoberfläche. Außerdem wirken Wassertropfen auf den Pflanzen wie eine Lupe und lassen die Blätter verbrennen. Abends zu gießen ist eine riskante Alternative,

Beim Gießen werden mehr Fehler gemacht als man vermutet.

Durch Risse im ausgetrockneten Boden entweicht die Feuchtigkeit auch aus tieferen Schichten.

weil durch die Feuchtigkeit gefräßige Nacktschnecken angelockt werden. Aber nicht nur auf den Zeitpunkt, auch auf die Technik des Gießens kommt es an. Gegossen wird nur der Wurzelbereich der Stauden, die Blätter oder Blüten werden möglichst nicht benetzt. Verwenden Sie möglichst abgestandenes, temperiertes Wasser aus der Regentonne.

HÄUFIGE FEHLER

Lieber einmal gründlich wässern, bis der Boden fingertief feucht ist, als mehrmals kleine Schlucke! Wenn der Boden nur oberflächlich feucht gehalten wird, bilden die Stauden dort die meisten Wurzeln, die dann bei der nächsten Dürre auch am schnellsten austrocknen. Wird durchdringend gewässert, bleibt der Unterboden länger feucht, die Staude bildet tief in die Erde reichende Wurzeln und ist so widerstandsfähiger gegen Trockenheit.

WICHTIG ZU WISSEN

Eine alte Gärtnerregel lautet: „Einmal Hacken ist so wirksam wie dreimal Gießen.“ Regelmäßige Bodenpflege mit einer flachen Hacke verhindert, dass der Boden verkrustet und sich tiefe Bodenkanäle bilden, durch die Bodenfeuchtigkeit entweicht.

Schneiden muss sein

Stauden werden während der Vegetationsperiode geschnitten, um sie zum Verzweigen und zur vermehrten Blütenbildung anzuregen. Gleichzeitig soll durch das Ausschneiden von Verblühtem verhindert werden, dass die Stauden sich durch Samenproduktion verausgaben. Das Ausschneiden von Verwelktem und Verblühtem sorgt außerdem dafür, dass das Staudenbeet immer einen schönen und gepflegten Anblick bietet. Frühjahrs- und Frühsommerblüher schneidet man am besten gleich nach dem Verblühen zurück.

Blattreiche Stängel dürfen dabei nicht bodeneben, sondern nur auf drei bis vier Blatt unterhalb der Blüte eingekürzt werden. Blattlose Blütenstängel können bodeneben zurückgeschnitten werden. Im Frühjahr blühende Polsterstauden wie Blaukissen *(Aubrieta)* werden schlaksig und blühfaul, wenn man sie nicht nach der Blüte um etwa die Hälfte einkürzt.

Gräser werden erst im Frühjahr kurz vor dem Austrieb geschnitten. So schützen die welken Halme das Herz der Pflanze vor dem Frost. Bei immergrünen Stauden schneidet man nur welke und verblühte Triebe aus.

IMMER MIT DER RUHE

Den Herbstflor vieler Stauden kann man guten Gewissens stehen lassen, denn viele Arten wie Fetthenne *(Sedum spectabile, S. telephium)*, Brandkraut *(Phlomis russeliana)* und Herbstanemonen bilden attraktive Samenstände, die noch bis in den Winter hinein die Beete schmücken und besonders bei Frost oder mit einem Schneehäubchen wunderschön aussehen.

WICHTIG ZU WISSEN

Viele im Sommer und Herbst blühende Stauden wie Astern, Sonnenbraut und Flammenblume *(Phlox)* können durch einen Rückschnitt Ende Juni/Anfang Juli zur Verzweigung angeregt werden. Das führt zu einem kompakteren Wuchs, erhöhter Standfestigkeit und vermehrtem Blütenansatz.

Am Saisonende zieren trockene Blüten und Früchte bis in den Winter.

Stauden teilen

Das Teilen erfolgt in der Regel im Frühjahr vor dem Austrieb der Stauden, weil sie dann meist problemlos anwachsen. Verjüngen durch Teilen kann man aber auch im Herbst, wenn die Stauden ihr Laub eingezogen haben. Dazu gräbt man die Pflanzen vorsichtig aus und teilt den Wurzelballen mit einem Spaten oder einem Messer in etwa faustgroße Stücke, die jeweils mindestens drei gesunde Triebe aufweisen sollten. Die Wurzeln bleiben möglichst unversehrt und werden von Hand entwirrt, bevor man die Teilstücke endgültig abtrennt. Abgestorbenes und Unkrautwurzeln werden entfernt, bevor man die einzelnen Teilstücke wieder einpflanzt.

ALLERHÖCHSTE ZEIT

Mit dem Rückschnitt remontierender Stauden (siehe Seite 18) sollte man nicht zu lange warten. Am besten werden sie gleich nach dem Verblühen dicht über dem Boden zurückgeschnitten, gedüngt und gewässert, damit sie bald wieder austreiben und im Spätsommer ein zweites Mal blühen.

IMMER MIT DER RUHE

Manche langlebige Stauden brauchen nach dem Teilen und Verjüngen ein bis zwei Jahre, bis sie sich eingewöhnt haben und wieder Blüten bilden. Dazu gehören neben Pfingstrosen und Türkenmohn auch Taglilien. Diesen Kandidaten sollte man nach dem Verjüngen Zeit zur Eingewöhnung lassen und sie nicht öfter als alle zehn Jahre teilen.

Beim Teilen von Stauden ist ein guter Spaten unverzichtbar.

Verjüngungskur für Staudengreise

Die meisten Stauden brauchen ein bis zwei Jahre, bis sie sich zu voller Pracht entfalten. Für ein paar Jahre sind sie schön anzusehen, zeigen dann aber nach und nach Alterungserscheinungen: Sie werden blühfaul, große Horste beginnen von innen her zu verkahlen. Sie fallen auseinander und die Stängel liegen mehr, als sie stehen. Dann ist es höchste Zeit, die Stauden zu verjüngen. Das kann auf zwei Arten geschehen: Teilung der einzelnen Stauden und Auslichten dichter Bestände.

WICHTIG ZU WISSEN

Die wüchsigsten Teile der meisten Stauden befinden sich an den äußeren Rändern der Horste. Das ist auch der Grund, warum viele Stauden im Alter von innen her verkahlen. Beim Teilen berücksichtigt man diese Tatsache und verwendet vor allem die äußeren Teilstücke wieder. Die inneren Teilstücke, die meist nur wenige Triebe aufweisen und verholzt oder verkahlt sind, wandern auf den Kompost.

Aufbinden und stützen

Bei besonders prächtigen Stauden, wie etwa Pfingstrosen, kann das Gewicht der Blüten die Stängel umknicken oder abbrechen lassen. Auch besonders hoch aufragende, schlanke Triebe knicken leicht um, vor allem wenn ein starker Wind weht. Solche Kandidaten brauchen eine Stütze. Einzelne Triebe wie bei Stockrosen *(Alcea rosea)* können an einem einfachen Bambusstab, der neben der Staude in den Boden gerammt wird, angebunden werden. Bei horstig wachsenden Stauden wie Rittersporn, hohen Herbstastern oder Sonnenbraut ist es sinnvoll, den ganzen Horst zu stützen. Damit die Stauden dennoch einen lockeren, duftigen Habitus behalten, steckt man drei bis vier Bambusstöcke rund um die Staude und verbindet sie mit Schnüren. Zusätzlich verhindert ein leichtes Anhäufeln am Fuß der Staude ein Umkippen. Bei Rosetten bildenden Stauden sollte jedoch wegen Fäulnisgefahr auf das Anhäufeln verzichtet werden. Im Handel gibt es fertige, langlebige Stützen aus ummanteltem Material, die jedes Jahr wiederverwendet werden können. Billiger sind Zweige von Haselnuss oder anderen Sträuchern, die bereits im Frühjahr um den Horst herum in die Erde gesteckt werden. Die oberen, miteinander verflochtenen Zweigenden werden von den Stauden durchwachsen und bilden eine natürliche, unauffällige Stütze.

Stützen für Stauden können gestalterische Akzente im Beet setzen.

Zum Stützen von Stauden können auch Alltagsgegenstände werden.

Tipp

Damit die Schnüre beim Zusammenbinden optisch nicht auffallen, wählt man am besten naturfarbene Hanfschnüre, Naturbast oder Paketkordel. Naturfasern halten zwar nicht so lange wie Kunststoffschnüre, aber für eine Saison lange genug. Beim herbstlichen Räumen der Staudenbeete kann das natürliche Bindematerial einfach mitkompostiert werden.

Winterschutz

Die meisten beliebten Gartenstauden sind so hart im Nehmen, dass sie keinen Winterschutz brauchen. Ausgenommen sind im Herbst neu gepflanzte Stauden und solche, die frost- und fäulnisempfindlich sind. Dazu gehören viele alpine Gewächse wie Gänsekresse *(Arabis)*, Disteln – z.B. Kugeldisteln *(Echinops)* und Edeldisteln *(Eryngium)* – sowie mediterrane Stauden bzw. Halbsträucher wie Lavendel, Heiligenkraut und Wolfsmilcharten (*Euphorbia*, vor allem immergrüne Vertreter), aber auch manche Gräser wie etwa das Lampenputzergras *(Pennisetum)* und Japan-Waldgras *(Hakonechloa)*. Man bedeckt sie vor den ersten strengen Frösten mit einer Haube aus Nadelreisig. Außer bei immergrünen Stauden und den fleischigen Rhizomen der hohen Schwertlilien, die unter einer Laubschicht zu faulen beginnen, isolieren einige Hände voll trockenem Herbstlaub unter dem Reisig zusätzlich. Empfindliche Stauden, die über Winter das Laub einziehen, schützt man am besten durch handbreites Bedecken mit etwas reifem Kompost, der im Frühjahr breit gezogen wird und den Stauden dann gleich als Dünger zur Verfügung steht.

IMMER MIT DER RUHE

Wenn im Vorfrühling die ersten warmen Sonnentage die Natur erwachen lassen, wird mancher dazu verleitet, den Winterschutz voreilig zu entfernen. Aber oft gibt es noch bis Ende März erneute Wintereinbrüche. Deshalb immer mit der Ruhe – bis zum wirklichen Frühlingsbeginn sollte man den Winterschutz bei empfindlichen Stauden belassen.

Bei der Anbringung von Winterschutz sind der Kreativität keine Grenzen gesetzt.

ALLERHÖCHSTE ZEIT

Der erste Frost kann über Nacht kommen und strenger ausfallen, als man denkt. Deshalb sollte man einen Winterschutz für empfindliche Stauden wie etwa Nadelreisig, Strohmatten, trockenes Herbstlaub oder Sackleinen nicht zu spät bereitstellen.

Vermehrung von Stauden

Am bekanntesten und günstigsten ist die Vermehrung durch Aussaat. Stauden können aber auch durch Teilen, Stecklinge, Wurzelschnittlinge und Ausläufer vermehrt werden. Bei manchen Stauden ist diese vegetative Art der Vermehrung sinnvoller als die Aussaat, weil die so erzeugten Nachkommen genetisch mit der Mutterpflanze übereinstimmen, also sortenecht sind. Auch bei sterilen, zweihäusigen oder sehr seltenen Stauden empfiehlt sich eine vegetative Vermehrung.

Die Qualität des Saatguts ist entscheidend für den Erfolg.

Aussaat

Ein vielfältiges Saatgutspektrum von Stauden erhält man im Fachhandel – oder man sammelt die Samen einfach selbst. Zur Samengewinnung müssen die Fruchtstände an den Stauden voll ausgereift sein. Man erntet den Samen, wenn sich dieser locker mit den Fingern lösen lässt. Man kann die Samen frisch aussäen oder, nach Arten und Sorten getrennt, trocknen und dann für die Aussaat zu einem späteren Zeitpunkt aufbewahren.

Die Aussaat, die meist im Frühjahr erfolgt, ist eine der effektivsten Formen der Staudenvermehrung.

Kaltkeimer, dazu gehören auch viele Gebirgspflanzen, brauchen einen Kältereiz, damit sie zu keimen beginnen. Für solche Stauden ist eine möglichst frühe Aussaat direkt nach der Samenernte oder noch im Winter empfehlenswert. Die meisten Stauden sät man jedoch im Frühjahr ab März/April als Vorkultur auf dem Fensterbrett oder im Frühbeet aus. Ideal sind flache, frisch gereinigte Kistchen oder Schalen mit keimfreier Aussaaterde aus dem Fachhandel. Aussaaterde hat einen geringen Nährstoffgehalt, aber einen relativ hohen Sandanteil, damit sie durchlässiger wird und eine feinere Struktur bekommt.

Widmen Sie den Jungpflanzen etwas Sorgfalt, dann ist der Erfolg garantiert.

WICHTIG ZU WISSEN

Nur die Aussaat ist eine geschlechtliche Form der Vermehrung, bei der das Genmaterial der Elternpflanzen neu gemischt wird.
Alle anderen Vermehrungsmethoden sind vegetativ, das heißt, dass bei diesen Vermehrungstechniken die Nachkommen genetisch identische Klone sind und dieselben Eigenschaften haben wie die Elternpflanze.

Das Vereinzeln der Sämlinge, auch Pikieren genannt, gibt den Pflanzen optimale Startchancen.

Die Samen werden gleichmäßig in die vorbereiteten Saatgefäße mit angedrückter Anzuchterde gesät. Anschließend siebt man eine dünne Sandschicht darüber und gießt vorsichtig an. Eine Abdeckung mit Klarsichtfolie oder einer Glasscheibe sorgt für gleichmäßige Feuchtigkeit, bis die Samen bei etwa 18 °C Raumtemperatur keimen. Danach entfernt man die Abdeckung. Wenn die Sämlinge das zweite echte Blattpaar entwickelt haben, werden sie vereinzelt (pikiert), also mit größeren Abständen in nährstoffreichere Erde verpflanzt. Lange Wurzeln können vorsichtig gekappt werden. Das fördert die Bildung von Seitenwurzeln. Dort wachsen sie heran, bis sie entweder zur Weiterkultur in einzelne Töpfchen oder gleich ins Freiland verpflanzt werden.

IMMER MIT DER RUHE

Im Frühjahr gibt es viel im Garten zu tun. Da kann es schon mal vorkommen, dass man die rechtzeitige Aussaat der Stauden vergisst. Nur keine Panik: Aussaaten können auch noch zu einem späteren Zeitpunkt erfolgen. Die Pflanzen holen den Rückstand schnell auf, wenn die Tage länger und wärmer werden.

WICHTIG ZU WISSEN

Im Handel wird immer öfter Samen von sogenannten F1-Hybriden angeboten. Diese Züchtungen zeichnen sich durch bestimmte Eigenschaften aus, die sich aber nicht sortenecht auf die nächste Generation vererben.
Das bedeutet in der Praxis, dass eine Nachzucht aus selbst gesammeltem Samen dieser F1-Hybriden nicht möglich ist. Wer dennoch den Samen dieser Sorten sammelt und aussät, kann mehr oder weniger gelungene Überraschungen erleben!

Teilen

Das Teilen von Stauden zur Verjüngung wurde weiter oben schon erwähnt (siehe Seite 49).
Bei dieser Methode, bei der ältere Horste in mehrere Teilstücke zerlegt werden, entstehen zahlreiche neue Pflanzen, die sich innerhalb von zwei bis drei Jahren selbst wieder zu ansehnlichen Stauden entwickeln.

Ausläufer

Ähnlich unproblematisch wie das Teilen ist die Vermehrung von Stauden durch Ausläufer. Gut eignen sich für diese Art der Vermehrung alle Stauden, die Gruppen bilden und die Tendenz haben, sich wuchernd auszubreiten. Man schneidet einfach einen bereits bewurzelten Ausläufer von der Mutterpflanze ab und pflanzt ihn ohne weitere Vorkultur an die vorgesehene Stelle im Staudenbeet.
Auf diese Weise lassen sich zum Beispiel Perlpfötchen *(Anaphalis)*, Mandelblättrige Wolfsmilch *(Euphorbia amygdaloides)*, Felberich *(Lysimachia*-Arten), Lampionblume *(Physalis alkekengi)*, Sonnenhut *(Rudbeckia)*, Immergrün *(Vinca)* und Golderdbeere *(Waldsteinia)* leicht vermehren.

Stecklinge

Für die Vermehrung von Stauden durch Stecklinge verwendet man Triebspitzen der Mutterpflanzen, die je nach Härte fünf bis sieben Blattknoten haben sollten – sogenannte Kopfstecklinge. Je nach Staudenart verwendet man Frühjahrs- oder Winterstecklinge. Frühjahrsstecklinge, etwa von Rittersporn oder Tränendem Herz, müssen einen Ansatz vom alten, verholzten Stängel aufweisen, dürfen aber noch keine Blütenansätze haben. Winterstecklinge, die man im September/Oktober schneidet, macht man vor allem von wintergrünen oder immergrünen Stauden wie Steinbrechgewächsen *(Saxifraga*-Arten), Schleifenblume *(Iberis sempervirens)*, Fingerkraut *(Potentilla)* oder Heiligenkraut. Das weitere Vorgehen ist bei beiden Stecklingsarten gleich: Man entblättert die Stecklinge im unteren Drittel vorsichtig, taucht die Schnittstellen in ein flüssiges oder puderförmiges Bewurzelungshormon (aus dem Fachhandel) und steckt sie einige Zentimeter tief in feuchtes, lockeres Substrat (zwei Teile Erde und ein Teil Sand). Danach überbraust man die Stecklinge mit Wasser und stülpt eine transparente Folie oder eine Plexiglashaube darüber, um die Luftfeuchtigkeit konstant zu halten und ein Welken zu verhindern. An einem hellen warmen Standort bewurzeln die Stecklinge sich innerhalb weniger Wochen. Zeigt sich das erste neue Triebwachstum, können die Jungpflanzen vereinzelt werden.

Lieblingspflanzen vermehren macht Freude und hilft Geld sparen.

Viele Stauden lassen sich preiswert durch Stecklinge vermehren.

Krankheiten und Schädlinge

Die Schattenseite des Gärtnerns

Ein altes Sprichwort weiß: „Wo Licht ist, da ist auch Schatten." Im Fall eines Staudengartens handelt es sich dabei um Krankheiten und Schädlinge, die unsere Pflanzenschätze bedrohen. Krankheiten und Schädlinge gibt es in fast jedem Ziergarten. Lange Jahre wurden sie mit allerlei zweifelhaften Segnungen der Chemie bekämpft, aber mittlerweile hat sich die Erkenntnis durchgesetzt, dass Gärtnern im Einvernehmen mit der Natur sinnvoller ist, als einen permanenten Krieg gegen sie zu führen. Oft sind ein falscher Standort oder Nährstoffmangel die Ursachen für die Anfälligkeit der Stauden. Wer jedoch gründlich plant, standortgerecht pflanzt, die Stauden ausreichend wässert, ausgewogen düngt und sie aufmerksam beobachtet, kann erste Anzeichen von Mangelerscheinungen, Krankheiten und Schädlingsbefall rechtzeitig erkennen und entsprechend handeln.

HÄUFIGE FEHLER

Von Krankheiten oder Schädlingen befallene Pflanzenteile werden oft über den Kompost entsorgt. Das ist riskant, denn so können sich die Erreger leicht weiterverbreiten. Besser, man entsorgt die abgeschnittenen, kontaminierten Pflanzenteile über die Restmülltonne.

Blattläuse treten in jedem Frühjahr in Scharen auf, sind aber kein Grund zur Panik.

Tierische Schädlinge

Häufig bei Stauden auftretende Schädlinge sind Blattläuse, Blattwanzen, Thripse, Milben, Schaumzikaden und Schnecken. Zu den gefährlichsten Bodenschädlingen, die leider oft zu spät bemerkt werden, zählen Wühlmäuse, Maulwurfsgrillen, Älchen und Dickmaulrüsselkäfer. Ob eine Bekämpfung nötig ist, hängt vom Ausmaß des Befalls und vom Gefährdungsgrad der jeweiligen Stauden ab. Während ausgewachsene Stauden einen geringen Befall ohne bleibende Schäden überstehen, bedeutet er für manche Jungpflanze das vorzeitige Aus.

Blattläuse

Sicher die häufigste und auffälligste Bedrohung für die Stauden sind Blattläuse, die meist im Frühjahr nach dem Austrieb auftauchen. Grünliche, gelbliche oder schwarze Insekten siedeln sich in Kolonien bevorzugt an weichen Stängeln, Blüten und

IMMER MIT DER RUHE

Jeden Frühsommer das gleiche Spiel: Mit den steigenden Temperaturen nimmt auch die Blattlauspopulation im Garten zu. Jetzt nur keine Panik! Eine Bekämpfung ist in den meisten Fällen überflüssig, denn Meisen, Marienkäfer, Florfliegen und andere nützliche Helfer sorgen dafür, dass die Plagegeister nicht überhand nehmen. Lässt man die Nützlinge gewähren, ist der Spuk meist nach einigen Tagen vorbei. Nur wenn sich große Kolonien bilden und die Pflanzen sichtbar leiden, ist eine Bekämpfung nötig.

Natürliche Blattlausfeinde wie Marienkäfer sind die Verbündeten des Gärtners.

Blättern von Pflanzen an. Blätter kräuseln sich, Triebe verkümmern und ein klebriger, oft schwarzer Belag (Rußtau) bedeckt die Kolonie und die umgebenden Pflanzenteile. Blattläuse sind nicht nur lästig, sie können beim Saugen auch Pflanzenviruserkrankungen übertragen. Deshalb sollten sie bei massenhaftem Auftreten bekämpft werden. Meistens genügt das Abwischen der Insekten mit einem Papiertaschentuch oder das Abbrausen der Pflanzen mit einem scharfen Wasserstrahl. Auch das Einstäuben mit Algenkalk, Holzasche oder Gesteinsmehl oder das Spritzen mit Kräuterbrühen vertreibt die Lästlinge.

Thripse, Blasenfüße

Einen Befall mit Thripsen erkennt man meistens daran, dass sich kleine silberweiße Flecken auf den Blättern der Stauden ausbreiten. Die Blattunterseite wird schmierig und beim genauen Hinsehen fallen dort ein bis zwei Millimeter lange Insekten auf. Thripse treten vor allem dann auf, wenn Stauden zu warm und zu trocken stehen. Vorbeugend hilft ausreichendes Wässern. Befallene Stauden spritzt man mit kaltem Wasser kräftig ab, auch unterseits. Stark befallene und geschädigte Triebe müssen ausgeschnitten werden.

Milben

Knollen- und Zwiebelpflanzen wie Lilien, Dahlien und Narzissen werden gelegentlich von Wurzelmilben befallen. Man erkennt das an kümmernden und absterbenden Pflanzen, deren Knollen kleine Fraßgänge aufweisen, die mit braunem Mehl gefüllt sind. Hauchfeine Gespinste über den Blättern von Stauden weisen auf einen Befall mit Spinnmilben hin. Die winzigen Spinnentierchen saugen an der Blattunterseite, was zu Kümmerwuchs führt. Ursache ist meist ein zu trockener Standort. Bei der Winterlagerung von Zwiebeln und Knollen fördert dagegen hohe Luftfeuchtigkeit einen Befall. Vorbeugend wirkt eine ausgewogene, stickstoffarme Düngung der Stauden, ausreichende Bewässerung sowie gelegentliches Abbrausen der Pflanzen. Befallene Stauden kuriert man ebenfalls durch wiederholtes kräftiges Abspritzen mit kaltem Wasser. Bei starkem Befall müssen Präparate aus dem Fachhandel zum Einsatz kommen. Befallene Zwiebeln und Knollen kann man retten, indem man sie ¼ bis ½ Stunde lang in Schmierseifenlauge oder Rainfarntee badet.

Älchen, Nematoden

Winzige, durchsichtige Fadenwürmer, auch Älchen oder Nematoden genannt, stechen das Pflanzengewebe an und saugen den Saft. Der giftige Speichel der Älchen führt zu Missbildungen bei den Pflanzen, sowohl oberflächlich als auch im Wurzelbereich. Bei starkem Befall sterben die Pflanzen ab. Zur Vorbeugung und als Bodenkur hat sich das Anpflanzen von Tagetes patula nana, auch Studentenblume genannt, bewährt.

Keine Panik: Blattläuse & Co. lassen sich gut in Griff bekommen.

Dickmaulrüsselkäfer

Der nachtaktive, etwa ein Zentimeter große, dunkle Käfer fällt kaum auf. Das Schadbild sind halbrunde Kerben in den Blättern, vor allem immergrüner und dickblättriger Stauden. Noch gefährlicher sind die im Boden lebenden, wie kleine Engerlinge aussehenden Larven, die an den Wurzeln fressen, bis die Staude schließlich abstirbt.
Die Bekämpfung der Käfer erfolgt entweder durch nächtliches Absammeln oder den Einsatz parasitärer Nematoden. Bei auffälliger Welke von Stauden sollte man die Erde auf Käferlarven untersuchen.

Wühlmäuse

Wenn Stauden plötzlich und scheinbar grundlos zu welken beginnen, können Schermäuse *(Arvicola terrestris)* oder Feldmäuse *(Microtus arvalis)* die Ursache sein. Die unter dem Begriff „Wühlmäuse" zusammengefassten Nager fallen mit großem Appetit über manche Wurzeln her. Besonders beliebt sind die Zwiebeln von Tulpen, Dahlienknollen und die Wurzeln von Pfingstrosen. Abschreckend wirken intensive Bodenbearbeitung, das Setzen von Abwehrpflanzen (Knoblauch, Narzissen, Kaiserkronen) und das Pflanzen besonders gefährdeter Stauden in Drahtkörbchen. Bei massenhaftem Auftreten helfen nur spezielle Fallen, Vergrämungsmittel und Köder.

WICHTIG ZU WISSEN

Besonders umweltfreundlich ist es, sich mit den natürlichen Feinden der Schadinsekten zu verbünden: Marienkäfer, Florfliegen, Schlupfwespen und Gallmücken vertilgen Blattläuse und andere Schädlinge, wenn man sie gewähren lässt! Wird der Einsatz von Pestiziden dennoch unumgänglich, sollte man darauf achten, für Bienen und Nützlinge ungefährliche Präparate zu verwenden. Biologische Alternativen zu chemischen Pestiziden sind Kräuterbrühen bzw. Pflanzenjauchen, die gegen Blattläuse und andere saugende Insekten eingesetzt werden können. Gegen manche Schädlinge wie Blattläuse und die Larven von Dickmaulrüsselkäfern können auch parasitäre Nematoden aus dem Fachhandel eingesetzt werden (Bezugsadressen finden Sie im Anhang).

Von Wühlmäusen und Maulwürfen aufgeworfene Erde eignet sich hervorragend als Blumenerde.

HÄUFIGE FEHLER

Maulwürfe werden oft für Schäden verantwortlich gemacht, die nicht auf ihr Konto gehen. Die blinden Wühler verschmähen nämlich Pflanzen und nehmen nur tierische Nahrung zu sich. Sie stehen unter Schutz und dürfen nicht getötet, nur vertrieben werden. Die wahren Übeltäter sind Wühlmäuse, deren aufgeworfene Erdhaufen flacher und unordentlicher sind als die der Maulwürfe.

Maulwurfsgrillen

Die auch Werren, Erdkrebse, Zwergel oder G'schwer genannten, etwa daumenlangen Insekten wühlen sich mit ihren kräftigen, schaufelartigen Vorderbeinen durch den Boden und zerstören dabei Pflanzenwurzeln. Welkende Gewächse sind die Folge. Da die Insekten außer Maulwürfen und Eulen kaum natürliche Feinde haben, bleibt bei einem Massenauftreten im Staudengarten nur die Bekämpfung durch Raubnematoden *(Steinernema carpocapsea)*, die über den Fachhandel bezogen werden können.

Besonders die vermehrungsfreudige Spanische Wegschnecke setzt Hobbygärtnern zu.

Der nackte Horror: Schnecken

Für Gartenfreunde sind sie der nackte Horror im Staudenbeet:
Schnecken, besonders die nackten Vertreter ihrer Zunft, die innerhalb einer Nacht ganze Beete leer fressen können. Auch wenn man die Mollusken selbst nicht zu Gesicht bekommt, weil sie sich tagsüber unter Steinen oder Laub verstecken, ist das Schadbild eindeutig: Fraßspuren an allen Pflanzenteilen, Schab-, Loch- und Totalfraß, Kotklümpchen und verräterische, silbrig glänzende Schleimspuren auf den Resten von Blättern und Blüten.
Schnecken bevorzugen weiche, wasserreiche Pflanzenteile und haben eine ganz besondere Vorliebe für Rittersporn, Dahlien, Funkien, Kreuzkraut *(Ligularia*-Arten) und Lupinen. Stauden mit hartem oder pelzigem Laub wie Raublattastern *(Aster novae-anglia)*, Herbstanemonen oder das nützliche Johanniskraut *(Hypericum*-Arten) werden eher verschmäht.
Besonders aktiv sind Schnecken nachts und bei feuchter Witterung. Milde Winter und ein Mangel an natürlichen Feinden (z. B. Igel, Blindschleiche und Leuchtkäfer) können eine Massenvermehrung zur Folge haben. Einer Schneckenplage begegnet man am besten durch regelmäßiges Absammeln, Köderfallen und Schneckenzäune um besonders gefährdete Kulturen.
Wenn Schneckenkorn verwendet wird, muss ein umweltfreundliches Produkt gewählt werden, das weder Igel noch Haustiere schädigt.

Schnecken verleiten selbst harmlose Zeitgenossen zu Gewaltphantasien.

Bei Befall mit Viren und Bakterien müssen die betroffenen Pflanzenteile gleich entsorgt werden.

Mehltau ist eine Pilzerkrankung, der man mit Pflanzenbrühen vorbeugen kann.

Pflanzenkrankheiten

Pilzbefall, Blattflecken und andere Pflanzenkrankheiten sind oft die Folge einer falschen Standortwahl oder mangelnder Nährstoffversorgung. Meistens lassen sich befallene Stauden aber retten, ohne gleich die chemische Keule im Beet einzusetzen. Eine standortgerechte Pflanzung, das Ausschneiden von befallenen Pflanzenteilen, das Spritzen von Pflanzenjauchen oder Kräuterbrühen und eine maßvolle, aber ausgewogene Düngung sind auf Dauer oft wirksamer als chemische Präparate.

Blattflecken

Fleckenförmige Verfärbungen der Blätter von Stauden können verschiedene Ursachen haben. Wenn Pilz-, Virus- und Parasitenbefall ausgeschlossen werden können, handelt es sich meist um Mangelerscheinungen, die durch eine bessere Nährstoffversorgung beseitigt werden können. Unter Umständen ist auch ein „Sonnenbrand“ für die Blattschäden verantwortlich. In diesem Fall sollte geprüft werden, ob der Standort den Ansprüchen der Pflanzenart entspricht und ob eine Schattierung sinnvoll ist.

Pilzerkrankungen

Stauden können an Pilzinfektionen wie Grauschimmel, Echtem und Falschem Mehltau sowie Rostpilzen erkranken. Blattfleckenpilze kann man an den Sporenlagern an der Blattunterseite von anderen Blattflecken unterscheiden. Besonders gefährdet sind Glattblattastern, Rittersporn, Phlox, Malven und Pfingstrosen. Befallene Pflanzenteile müssen in jedem Fall ausgeschnitten und vernichtet werden. Vorbeugend kann man die Pflanzen mit kräftigenden Kräuterbrühen (z. B. aus Ackerschachtelhalmkraut) oder biologisch verträglichen Präparaten aus dem Fachhandel stärken. Eine gute Durchlüftung der Rabatten und nicht zu dicht gesetzte Stauden beugen Pilzerkrankungen vor. Wird eine Behandlung mit chemischen Präparaten notwendig, dürfen nur für Hausgärten amtlich zugelassene Fungizide verwendet werden.

Viruskrankheiten

Pflanzenviren sind tückisch und können nahezu alle Gewächse befallen. Man erkennt den Befall an auffällig verformten Pflanzenteilen, Zwergwuchs, mosaikartigen Verfärbungen der Blätter („Mosaikvirus“) oder verkrüppelten Früchten und Samenständen. Übertragen werden die Viren durch saugende Schädlinge wie Blattläuse, aber auch durch Kontakt der Pflanzen untereinander und kontaminierte Substrate und Schneidwerkzeuge. Eine Behandlung gibt es nicht, befallene Pflanzen müssen vernichtet werden. Vorbeugend helfen die Bekämpfung von saugenden Schädlingen und das Desinfizieren von Schneidwerkzeugen nach dem Gebrauch.

Bakterienkrankheiten

Besonders Sämlinge sowie junge und verletzte Pflanzen sind anfällig für Bakterienerkrankungen. Oft beginnt die Stängelbasis sich zu verfärben und zu faulen (Fußkrankheit). Eine Behandlung gibt es nicht, befallene Pflanzen müssen vernichtet werden. Saatschalen und Töpfe müssen gründlich gereinigt und die Erde entsorgt werden.

Wurmfarnbrühe

Ein Kilogramm frisches (oder 100 g getrocknetes) Laub des Wurmfarns *(Dryopteris filix-mas)* in 10 l Wasser einen Tag lang ziehen lassen, am nächsten Tag kurz aufwallen und auf kleiner Flamme 30 min köcheln lassen. Nach dem Erkalten abfiltern und zum Spritzen im Verhältnis 1 : 5 verdünnen.

Mit Druckluftspritzen werden nicht nur Chemikalien, sondern auch natürliche Spritzmittel wie Wurmfarnbrühe im Garten verteilt.

Gratis und „Bio“ – wirksame Pflanzenjauchen selbst bereiten

Sowohl zur Krankheits- und Schädlingsbekämpfung als auch zur Düngung und Stärkung der Pflanzen werden selbst bereitete Pflanzenjauchen verwendet.

Das Prinzip ist denkbar einfach:
Gesammelte Pflanzenteile werden in einen verschließbaren Eimer oder eine Tonne gegeben (Metallgefäße sind ungeeignet), bis das Gefäß zu zwei Dritteln voll ist. Dann füllt man mit Wasser bis knapp unter den Gefäßrand auf und legt den Deckel locker auf. Die Mischung beginnt nach einigen Tagen zu gären. Nach rund zwei Wochen, wenn die Jauche nicht mehr schäumt, ist sie fertig und die Inhaltsstoffe haben sich im Wasser gelöst. Bevor man Pflanzen mit der Jauche gießt oder spritzt, seiht man verbliebene Feststoffe ab und verdünnt mit klarem Wasser in einem Verhältnis 1 : 20.
Wirksam sind vor allem Jauchen aus Brennnesseln, Beinwell und stark duftenden Pflanzen wie Wermut, Salbei, Thymian, Lavendel oder Studentenblumen (Tagetes).

Stauden im Porträt

Die besten Arten und Sorten

Auf den folgenden Seiten finden Sie Porträts der schönsten Gartenstauden für sonnige und schattige Standorte. Aus den „Steckbriefen“ können Sie alles über Wuchshöhe, Blütezeit und Blütenfarbe erfahren sowie welche Arten und Sorten es von der jeweiligen Staudengattung gibt. Damit es mit der Kultur auch klappt, werden außerdem die Standortansprüche der jeweiligen Stauden sowie ihre Vorlieben und Abneigungen genannt. Zusätzlich werden gute Partner im Staudenbeet vorgestellt. Dabei handelt es sich vor allem um Staudenkombinationen, die optisch gut miteinander harmonieren oder effektvoll kontrastieren, darüber hinaus aber auch von den Standortansprüchen gut zusammenpassen.

Anemone *(Anemone)*

Blütezeit: Je nach Art: III (Strahlenanemone), III–V (Kronenanemone und Buschwindröschen), VIII–X (Herbstanemone).
Blütenfarbe: Weiß, Rosa, Blau, Violett und Rot.
Höhe: Je nach Art und Sorte 15 - 100 cm
Standort: Bis auf Kronenanemone die es sonnig mag, Halbschatten bis Schatten in leicht kalkhaltigem Boden.
Arten und Sorten: *A. blanda* (Strahlenanemone): blau, rosa oder weiß blühend, bis 15 cm hoch; *A. nemorosa* (Buschwindröschen): weiß, auch rosa, bis 15 cm hoch; *A. coronaria* (Kronenanemone): alle Farben außer Gelb, 25 - 40 cm hoch; *A. hupehensis*- und *A. japonica*-Hybriden (Japan- oder Herbstanemonen): weiß oder rosa blühend, 70 - 100 cm hoch.
Gute Partner im Staudenbeet: Herbstanemone: Eisenhut *(Aconitum)*, Silberkerze *(Cimicifuga)*; **Strahlenanemone:** Krokus *(Crocus)*, Blausternchen *(Scilla)* und andere kleine Frühlingsblüher.
Besonderes: Die Knollen von *A. coronaria* müssen im Herbst ausgegraben und frostfrei überwintert werden.

Kronenanemone (Anemone coronaria)

Raublattaster *(Aster nova-angliae)*

Aster *(Aster)*

Blütezeit: Frühlingsastern: V–VI; Sommerastern: VII–IX; Herbstastern: VIII–XI.
Blütenfarbe: Weiß, Rosa, Blau, Violett und auch Gelb *(A. linosyrus)*.
Höhe: Je nach Sorte 20 - 180 cm.
Standort: Vollsonnig bis halbschattig in durchlässigen Böden.
Arten und Sorten: Frühlingsastern: *Aster alpinus* (Alpenaster): 'Albus' (weiß), 'Dunkle Schöne' (tiefviolett), 'Happy End' (rosa), alle ca. 20 cm hoch; *A. tongolensis* 'Leuchtenburg': Blauviolett, 30 cm hoch; Sommerastern: *A. amellus* x *frikartii* ,'Wunder von Stäfa': hellblau, 60 cm hoch, 'Mönch': violettblau, 80 cm hoch; *A. linosyris* (Goldaster): gelb, 70 cm hoch; Herbstastern: *A. cordifolius* (Schleieraster): blau, 60 cm hoch; *A. divaricatus*: weiß mit brauner Mitte, 60 cm hoch; *A. Dumosus*-Hybriden (Kissenaster): viele Sorten, zwischen 30 und 50 cm hoch; *A. ericoides* (Erikaaster, Myrtenaster) 'Schneegitter': weiß, 100 cm hoch; *A. novae-angliae* (Neuenglische Aster, Raublattaster): viele Sorten, zwischen 110 und 150 cm hoch; *A. novi-belgii* (Neubelgische Aster, Glattblattaster): viele Sorten, zwischen 80 und 100 cm hoch; *A. pyrenaeus* 'Lutetia': helllila, 60 cm hoch.
Gute Partner im Staudenbeet: Sommerastern: Sonnenhut *(Rudbeckia fulgida)*, Purpur-Sonnenhut *(Echinacea purpurea)*, Flammenblume *(Phlox paniculata)*; Herbstastern: Sonnenbraut *(Helenium*-Hybriden), Goldrute *(Solidago)*, Fetthenne *(Sedum telephium, S. spectabile)*.
Besonderes: In der Regel lange Blütezeit.

Dahlien *(Dahlia)*

Dahlie *(Dahlia*-Hybriden*)*

Blütezeit: VI–X.
Blütenfarbe: Alle Farben außer Blau, auch gefüllte Blüten.
Höhe: Je nach Sorte 60 - 150 cm.
Standort: Vollsonnig in humoser, nährstoffreicher, nicht zu trockener Erde.
Arten und Sorten: Wildarten werden nur selten in Gärten kultiviert, meistens werden Hybriden gepflanzt. Um die zahllosen Züchtungen besser überblicken zu können, teilte man sie nach der Form der Blüten in zehn Klassen ein: Einfache, Anemonenblütige, Halskrausen-, Seerosen-, Dekorative, Ball-, Pompon-, Kaktus- und Semi-Kaktusdahlien sowie die Gruppe der diversen Dahlien, zu der alle Sorten gehören, die in keine der übrigen Klassen eingeordnet werden können, z. B. Duplex-, Giraffen- und Orchideen-Dahlien.
Gute Partner im Staudenbeet: Die meisten farbenfrohen Beetstauden mit ähnlichen Standortansprüchen, z.B. Sommer- und Herbstastern *(Aster*-Arten*)*, Montbretie *(Crocosmia)*, Staudensonnenblume *(Helianthus*-Arten*)*, Flammenblume *(Phlox maculata*- und *P. paniculata*-Hybriden*)* sowie Schmuckgräser.
Besonderes: Die nicht frostharten Knollen der Dahlien werden im Herbst nach den ersten leichten Nachtfrösten ausgegraben, frostfrei im kühlen, dunklen Keller aufbewahrt und ab April vorgetrieben, damit sie im Mai im Freien ausgepflanzt werden können. Hohe Sorten stützen, Verblühtes regelmäßig ausschneiden, damit neue Blüten gebildet werden.

Rittersporn *(Delphinium)*

Blütezeit: VI–VII und IX (remontierend).
Blütenfarbe: Blau, Weiß, Rosa.
Höhe: Je nach Sorte 90 - 200 cm.
Standort: Vollsonnig in durchlässigen, nährstoffreichen Böden.
Arten und Sorten: *Delphinium-Belladonna*-Hybriden: viele Sorten, zwischen 70 und 150 cm hoch, z. B. 'Ballkleid' (hellblau, 100 cm hoch); *D. Elatum*-Hybriden: viele Sorten, zwischen 120 und 200 cm hoch, z. B. 'Finsteraarhorn' (tiefenzianblau, 170 cm hoch); *D.* 'Magic Fountains'-Hybriden: niedrige, standfeste Sorten mit schönen Farbnuancen, 80 cm hoch; *D. Elatum* 'New Millenium'-Hybriden: neue Serie, viele schöne Farbnuancen, auch gefüllte Blüten, bis 160 cm hoch.
Gute Partner im Staudenbeet: Goldgarbe *(Achillea filipendulina)*, Lupinen *(Lupinus*-Hybriden*)*, Schleierkraut *(Gypsophila paniculata)*, Frauenmantel *(Alchemilla mollis)*, Strauchrosen in Rosa, Rot und Weiß.
Besonderes: Anfällig für Schneckenfraß. Rückschnitt sofort nach der Blüte regt einen zweiten Flor im Spätsommer an. Hohe Sorten brauchen eine Stütze.

Dahlienknollen niemals in geschlossenen Behältern oder Plastiktüten lagern, sie faulen sonst.

Elatum- Hybride 'Minnelied'

Euphorbia characias

Wolfsmilch *(Euphorbia)*

Blütezeit: IV *(E. amygdaloides)*, VI–VII *(E. myrsinites)*, V–VI (andere).
Blütenfarbe: Gelbgrün, auch Orangerot *(E. griffithii* und *E. cyparissias* 'Orange Man').
Höhe: Je nach Art 20 - 150 cm.
Standort: Vollsonnig in allen durchlässigen Böden; *E. amygdaloides* und *E. griffithii* auch halbschattig.
Arten und Sorten: *Euphorbia amygdaloides* var. *robbiae* (Mandelblättrige Wolfsmilch): wintergrün, bis 40 cm hoch; *E. characias ssp wulfenii*: ganzjährig attraktiv, nicht sicher winterhart, bis 120 cm; *E. cyparissias* (Zypressenwolfsmilch): stark wuchernd, 20 - 40 cm hoch; *E. griffithii* (Himalaja-Wolfsmilch): für feuchte Böden, bis 60 cm hoch; *E. myrsinites* (Walzenwolfsmilch): niederliegende,, graugrüne, immergrüne Triebe, bis 25 cm hoch; *E. polychroma* (Goldwolfsmilch): bis 40 cm hoch; *E. rigida* (Aufrechte Wolfsmilch): bis 40 cm hoch; Euphorbia-Hybride, 'Black Bird': dunkelpurpurfarbenes Laub, bis 40 cm hoch.
Gute Partner im Staudenbeet: Sonnenröschen *(Helianthemum)*, Storchsschnabel *(Geranium)*, Bergenien (Bergenia), Fetthenne, Mauerpfeffer (niedrige Sedum-Arten), Spornblume *(Centranthus ruber)*, Tulpen *(Tulipa)*, Zierlauch *(Allium)* und andere Zwiebelblüher.
Besonderes: Vielseitige Staudengruppe, die sich besonders für karge, sonnige Problemstandorte wie z. B. Kiesgärten eignet. Der bei Verletzungen austretende Milchsaft ist giftig und verursacht Hautreizungen.

Der weiße Saft der Wolfsmilch dient in erster Linie als Fraßschutz.

Storchschnabel *(Geranium)*

Blütezeit: Je nach Art und Sorte V–X.
Blütenfarbe: Weiß, Rosa, Lila, Violettblau, Braunlila.
Höhe: Je nach Art und Sorte 20 - 70 cm.
Standort: Sonnig bis halbschattig, *G. macrorrhizum* und *G. sylvaticum* auch schattig.
Arten und Sorten: Von den meisten Arten gibt es viele schöne Sorten. *Geranium x cantabrigiense* (Cambridge-Storchschnabel): 20 - 25 cm hoch; *G. cinereum*: lang- und reichblühende Art, 15 cm hoch; *G. macrorrhizum*: wintergrün, schattentolerant, 30 - 40 cm hoch; *G. sanguineum* (Blutstorchschnabel): braunlila, 30 - 40 cm hoch; *G. sylvaticum* (Waldstorchschnabel): schattentolerant, bis 50 cm hoch; *G. x magnificum* (Kaukasusgeranium): violettblau, 60 cm hoch; *Geranium*-Hybriden: 'Orion': violettblau, 70 cm hoch; 'Nimbus': blauviolett, 60 cm hoch; 'Dusky Crûg': dunkelbraunes Laub, rosa Blüten, 15 cm hoch; 'Jolly Bee': blau mit weißer Mitte, 30 cm hoch; 'Rozanne': blaulila mit weißer Mitte, 40 cm hoch; 'Ann Folkard': Magenta mit dunklem Auge, gelbgrünes Laub, 50 cm hoch.
Gute Partner im Staudenbeet: Nahezu alle Beetstauden, zu denen die eher kalten Farbtöne der Geraniumblüten passen; ideal auch als Rosenbegleiter.
Besonderes: Moderne Hybriden wie 'Orion', 'Nimbus', 'Rozanne' und 'Jolly Bee' haben extrem lange Blütezeiten von Juni bis Oktober. Die meisten Geranium-Arten haben sehr dekoratives Laub.

Geranium magnificum

Sonnenbraut
(Helenium-Hybriden)

Blütezeit: VIII–IX.
Blütenfarbe: Gelb, Orangerot, Rot, Rotbraun.
Höhe: Je nach Sorte 70 - 170 cm.
Standort: Vollsonnig.
Arten und Sorten: 'Baudirektor Linne' (braunrot, 130 cm hoch); 'Blütentisch' (goldgelb, braune Mitte, 130 cm hoch); 'Feuersiegel' (rot, braune Mitte, 150 cm hoch); 'Kugelsonne' (hellgelb mit gelber Mitte, 170 cm hoch); 'Rubinzwerg' (rubinrot, 80 cm hoch); 'Waltraut' (kupfer und gelb, 80 cm hoch).
Gute Partner im Staudenbeet: Sommer- und Herbstastern, Sonnenhut *(Rudbeckia-*Arten*)*, Rittersporn *(Delphinium)*, Gräser, z. B. Chinaschilf *(Miscanthus)*.
Besonderes: Langlebige, robuste Sommerstaude, gute Schnittblume. Hohe Sorten brauchen eine Stütze.

Sonnenbraut *(Helenium*-Hybride 'Waltraud'*)*

Hemerocallis aurantiaceae

Taglilie *(Hemerocallis)*

Blütezeit: Je nach Art und Sorte VI–IX.
Blütenfarbe: Weiß, Creme, Gelb, Orange, Rot, Braunrot, Purpur.
Höhe: Je nach Art und Sorte 50 - 120 cm.
Standort: Sonnig bis halbschattig in nährstoffreichem, nicht zu trockenem Boden.
Arten und Sorten: *Hemerocallis aurantiaca*: goldgelb, 70 cm hoch; *H. fulva*: orangerot, auch gefüllt: ‚'Flore Pleno', 100 cm hoch; *H. lilioasphodelus*, syn. *H. flava*: gelb, 100 cm hoch; *H. middendorffii*: orangegelb, 50 - 90 cm hoch; *H. thunbergii*: gelbgrün, 110 cm hoch (alle Arten blühen im Juni/Juli); *Hemerocallis*-Hybriden gibt es in unzähligen Farbnuancen, auch zweifarbig, und in Wuchshöhen zwischen 50 und 120 cm.
Gute Partner im Staudenbeet: Alle Beetstauden mit ähnlichen Standortansprüchen, z. B. Steppensalbei *(Salvia nemorosa)*, Rittersporn *(Delphinium)*, Indianernessel *(Monarda)*, Frauenmantel *(Alchemilla mollis)* und Gräser, z. B. Chinaschilf *(Miscanthus sinensis)*.
Besonderes: Jede Einzelblüte hält nur einen Tag, da sich aber täglich neue Blüten öffnen, hält der Flor über längere Zeit. Durch Kombination von Sorten mit unterschiedlicher Blütezeit lässt sich die Saison von Juni bis September strecken. Taglilien mögen es nicht, wenn sie häufiger umgepflanzt werden.

Hosta sieboldiana

Funkien begeistern mit ihrem Blattschmuck.

Funkie *(Hosta)*

Blütezeit: VI–VIII.
Blütenfarbe: Je nach Art und Sorte Weiß, Hellviolett, Lila.
Höhe: Je nach Art und Sorte 15 - 80 cm.
Standort: Schattig bis halbschattig in feuchten, aber nicht staunassen Böden.
Arten und Sorten: *Hosta fortunei* 'Albo-marginata' (Graublattfunkie): weiß gerandetes Laub, 30 cm hoch; *H. lancifolia* (Lanzenfunkie): grünes, lanzettförmiges Laub, lila Blüten, 20 cm hoch; *H. sieboldiana* var. Elegans: bereiftes, graublaues Laub, blassfliederfarbene Blüten, 80 cm hoch; H. undulata 'Albo-marginata' (Weißrand-Wellblattfunkie): weiß gerandetes, gewelltes Laub, lila Blüten, 45 cm hoch. Zahlreiche schöne Hybridsorten mit z.T. weiß-buntem oder gelb-buntem Laub.
Gute Partner im Staudenbeet: Günsel *(Ajuga reptans)*, Prachtspiere *(Astilbe)*, Wolfsmilcharten *(Euphorbia)*, Gräser, z. B. Japan-Waldgras *(Hakonechloa macra)*, Farne, z. B. Straußfarn *(Mattheucia struthiopteris)*.
Besonderes: Im Austrieb sehr anfällig für Schneckenfraß. Blattschmuckstaude, die sich auch für Töpfe und Kübel eignet.

Schwertlilie *(Iris)*

Blütezeit: VI–VI.
Blütenfarbe: Alle Farben außer Rot
Höhe: Je nach Sorte 5 - 150 cm.
Standort: Vollsonnig in durchlässigen Böden, *I. pseudacorus* in feuchtem Boden.
Arten und Sorten: *Iris sibirica* (Wiesenschwertlilie): Horstbildende Staude mit blauvioletten oder weißen Blüten, 30 - 150 cm hoch; *Iris pseudacorus* (Europäische Sumpfschwertlilie): gelbe Blüten, bis 150 cm hoch. Von den beliebten *Bartiris (Iris-Barbata*-Hybriden) gibt es unzählige schöne Sorten, die in drei Hauptgruppen eingeteilt werden: niedrige Bartiris *(Barbata-Nana*-Hybriden): bis 20 cm hoch, Blütezeit IV–V; halbhohe Bartiris *(Barbata-Media*-Hybriden): bis 70 cm hoch, Blütezeit V–VI; hohe Bartiris *(Barbata-Elatior*-Hybriden): bis 150 cm hoch, Blütezeit V–VI.
Gute Partner im Staudenbeet: *Iris sibirica*: Pfingstrosen *(Paeonia lactiflora)*, Storchschnabel *(Geranium)*, Kreuzkraut *(Ligularia)*, Trollblume *(Trollius)*; *Iris-Barbata*-Hybriden: Stauden mit gleichen Standortansprüchen, also sonnig und trocken: Lavendel *(Lavandula)*, Heiligenkraut *(Santolina)*, Steppensalbei *(Salvia nemorosa)*, Katzenminze *(Nepeta)*, Gräser, z. B. Lampenputzergras *(Pennisetum)* oder Federgras *(Stipa)*
Besonderes: Die fleischigen Rhizome der Bartiris müssen etwas aus dem Boden herausragen, damit sie nicht verfaulen.

Iris-Barbata-Elatior-Hybride

Lilie *(Lilium)*

Blütezeit: Je nach Art und Sorte VI–VIII.
Blütenfarbe: Alle Farben außer Blau.
Höhe: Je nach Art und Sorte 70 - 200 cm.
Standort: Vollsonnig in feuchten, nährstoffreichen Böden; *L. martagon* auch im Halbschatten.
Arten und Sorten: Wildformen: *Lilium bulbiferum* (Feuerlilie): orange, 100 cm hoch; *L. candidum* (Madonnenlilie): weiß, 150 cm hoch; *L. lancifolium*, syn. *L. tigrinum* (Tigerlilie): orangerot, schwarz getupft, 150 cm hoch; *L. martagon* (Türkenbundlilie): rosapurpur, auch weiß, 150 cm hoch; *L. regale* (Königslilie): weiß, außen Rosa, 150 cm hoch. Die Hybriden werden in verschiedene Klassen eingeteilt; zu den beliebtesten Gartenhybriden gehören die asiatischen und die orientalischen Hybriden mit zahlreichen schönen Sorten, von denen nicht alle winterhart sind.
Gute Partner im Staudenbeet: Alle Beetstauden mit ähnlichen Standortansprüchen, z. B. Goldgarbe *(Achillea filipendulina)*, Rittersporn *(Delphinium)*, Wolfsmilch-Arten *(Euphorbia)*, Storchschnabel *(Geranium)*.
Besonderes: Lilienzwiebeln werden gern von Wühlmäusen verzehrt. Eine Pflanzung Drahtkörbchen schafft Abhilfe. Manche Lilien, besonders die Königslilie und die orientalischen Hybriden, verströmen einen starken Duft.

Lilium, Orientalische Hybride 'Stargazer'

Narcissus pseudonarcissus

Narzisse *(Narcissus)*

Blütezeit: III–V.
Blütenfarbe: Weiß, Gelb, Orange und zweifarbig.
Höhe: Je nach Art und Sorte 10 - 40 cm.
Standort: Sonnig bis halbschattig in durchlässigem Boden.
Arten und Sorten: Wildarten: *Narcissus pseudonarcissus* (Osterglocke): hellgelb, 15 - 35 cm hoch; *Corbularia bulbocodium*, syn. *N. bulbocodium* (Reifrocknarzisse): gelb, 10 - 15 cm hoch; *N. tazetta* (Tazetten): weißlich, duftend, bis 50 cm hoch; Zuchtsorten wurden nach ihrer Blütenform in zehn Gruppen eingeteilt. Das Sortiment ist ständigen Weiterentwicklungen unterworfen. Die Kataloge der Zwiebelzüchter bieten eine reiche Auswahl an Sorten für jeden Geschmack.
Gute Partner im Staudenbeet: Andere, zur gleichen Zeit blühende Zwiebelpflanzen mit ähnlichen Standortansprüchen wie Narzissen, besonders blau und blauviolett blühende Arten wie Hasenglöckchen *(Hyacinthoides)*, Hyazinthen *(Hyacintus orientalis)*, Blausternchen *(Scilla)* sowie Tulpen *(Tulipa)*, Ein- und Zweijährige wie Stiefmütterchen und Hornveilchen *(Viola)*, Vergissmeinnicht *(Myosotis)* und Tausendschön *(Bellis perennis)*.
Besonderes: Narzissen werden von Wühlmäusen verschmäht und sind sehr pflegeleicht. Lässt die Blühfreude nach einigen Jahren nach, nimmt man die Horste auf, teilt sie und pflanzt sie wieder ein.

Pfingstrose
(Paeonia lactiflora)

Blütezeit: V–VI.
Blütenfarbe: Weiß, Rosa, Rot, Gelb.
Höhe: Je nach Sorte 70 - 110 cm.
Standort: Sonnig und bevorzugt auf nährstoffreichen Böden
Arten und Sorten: Unzählige schöne, z. T. sehr alte und bewährte, auch duftende Sorten im Handel. Es empfiehlt sich, bei auf Pfingstrosen spezialisierten Staudengärtnereien während der Blütezeit nach der richtigen Lieblingssorte zu suchen (siehe auch Anhang).
Gute Partner im Staudenbeet: Akelei *(Aquilegia)*, Rittersporn *(Delphinium)*, Storchschnabel *(Geranium)*, Schwertlilien *(Iris)*, Lupine *(Lupinus*-Hybriden*)*.
Besonderes: Die Pflanzen mögen es nicht, wenn man sie verpflanzt. Schwere Blütenköpfe müssen gestützt werden. Außer der Staudenpfingstrose gibt es auch noch Bauernpfingstrosen *(P. officinalis)*, diverse Wildformen und die prächtigen Strauchpfingstrosen *(P. suffruticosa)*.

Pfingstrosen dürfen in keinem Bauerngarten fehlen.

Pfingstrose 'Gay Pareé'

Türkenmohn

Mohn *(Papaver)*

Blütezeit: V–VI, *P. nudicaule*: VI–VIII
Blütenfarbe: Weiß, Rot, Orange, Rosa, Pflaumenfarbig, auch Gelb *(P. nudicaule)*.
Höhe: *P. nudicaule*: 30 - 40 cm, *P. orientale*: 60 - 150 cm.
Standort: Sonnig in durchlässigen Böden.
Arten und Sorten: *Papaver nudicaule*, syn. *P. croceum* (Islandmohn): meist als bunte Mischung ('Illumination') auf dem Markt; von *P. orientale* gibt es zahlreiche schöne Zuchtsorten, die klassische Form hat jedoch orange-scharlachrote Blütenblätter mit schwarzem Basalfleck und wird bis 90 cm hoch.
Gute Partner im Staudenbeet: Akelei *(Aquilegia)*, Lupine *(Lupinus*-Hybriden*)*, Rittersporn *(Delphinium)*, Sonnenhut *(Rudbeckia fulgida)* und Einjährige, die im Sommer in die durch das Einziehen des Laubs entstehenden Lücken gepflanzt werden.
Besonderes: *P. orientale* zieht im Sommer das Laub ein und treibt im Herbst neu aus. Beste Pflanzzeit ist deshalb der Herbst.

Sonnenhut *(Rudbeckia)*

Blütezeit: VII–X.
Blütenfarbe: Gelb.
Höhe: nach Art und Sorte 60 - 200 cm.
Standort: Vollsonnig und in nicht zu trockenen Böden.
Arten und Sorten: *Rudbeckia fulgida* var. *deamii*: sehr reichblühend, 80 cm hoch; *R. fulgida* var. *sullivantii*: sehr lange Blütezeit, 80 cm hoch; *R. nitia* 'Herbstsonne': blüht spät, gelb mit grünem Knopf, 200 cm hoch; *R. triloba*: verzweigt, lange Blütezeit, 120 cm hoch.
Gute Partner im Staudenbeet: Glattblattaster *(Aster novi-belgii)*, Montbretie *(Crocosmia)*, Kugeldistel *(Echinops ritro)*, Taglilie *(Hemerocallis)*, Steppensalbei *(Salvia nemorosa)*.
Besonderes: Rabattenstaude für sonnige Standorte, die auch in größeren Gruppen gut wirkt. *R. triloba* ist kurzlebig, versamt sich aber gut.

Phlox paniculata 'Wilhelm Kesselring'

Flammenblume *(Phlox)*

Blütezeit: VI–IX.
Blütenfarbe: Weiß, Rosa.
Höhe: 80 - 120 cm.
Standort: Sonnig bis halbschattig in nährstoffreichem, tiefgründigem Boden.
Arten und Sorten: *Phlox maculata*-Hybriden (Wiesenphlox) gelten als besonders wüchsig und reich blühend, die einzelnen Blüten sind aber kleiner als bei *Phlox paniculata*-Hybriden, die es in zahlreichen Farbtönen gibt.
Gute Partner im Staudenbeet: Rittersporn *(Delphinium)*, Sonnenbraut *(Helenium)*, Lupine *(Lupinus)*; gut passt auch Sonnenhut *(Rudbeckia)*.
Besonderes: Die Blütezeit kann verlängert werden, wenn man ein Drittel der Triebe im Juni stutzt. Ein Rückschnitt nach der Blüte regt einen Nachflor an.

Rudbeckia fulgida 'Goldsturm'

Herbstfreude

Fetthenne *(Sedum)*

Tulpen lassen in Bezug auf einen farbenprächtigen Saisonstart keine Wünsche offen.

Blütezeit: Je nach Art und Sorte V–IX.
Blütenfarbe: Je nach Art und Sorte Gelb, Rot, Rosa, Weiß.
Höhe: Je nach Art und Sorte 5 - 60 cm.
Standort: Vollsonnig, auch in trockenen, steinigen, mageren Böden.
Arten und Sorten: Niedrige, mattenbildende Arten als Steingarten- und Polsterpflanzen: *Sedum acre* (Scharfer Mauerpfeffer): gelb, 5 - 10 cm hoch; *S. album* (Weißer Mauerpfeffer): weiß, 5 - 15 cm; *S. floriferum* 'Weihenstephaner Gold': gelb, 5 - 15 cm; *S. rupestre*, syn. *S. reflexum* (Tripmadam): gelb, graublaue, niederliegende Triebe, 5 - 15 cm; *S. spectabile* (Hohe Fetthenne): dunkelrosa, auch eine weiße Sorte, 40 cm hoch; *S. telephium*-Hybriden (Blumenfetthenne): 'Herbstfreude' blüht rostrot, 50 cm hoch, 'Matrona' mit rötlichem Laub blüht rosa, 60 cm hoch.
Gute Partner im Staudenbeet: Hohe Arten *(S. spectabile* und *S. telephium)*: Eisenhut *(Aconitum)*, Herbstastern *(Aster*-Arten), Dahlien *(Dahlia*-Hybriden).
Besonderes: Niedrige Arten als Bodendecker an vollsonnigen Standorten, hohe Arten fühlen sich auch in normalem Boden wohl und eignen sich für Rabatten.

Tulpe *(Tulipa)*

Blütezeit: Je nach Art und Sorte IV–VI.
Blütenfarbe: Alle Farben außer Blau.
Höhe: Je nach Art und Sorte 5 - 60 cm.
Standort: Sonnige Standorte, humose durchlässige Böden
Arten und Sorten: Wildtulpenarten werden meist für Stein- und Kiesgärten verwendet: *T. clusiana* (Damentulpe): innen weiß, außen dunkelrosa, 15 - 30 cm hoch; *T. humilis*: rosapurpur, 5 - 15 cm hoch; *T. pulchella*: hellrot/purpur oder purpur/creme, 15 - 30 cm hoch; *T. sylvestris* (Weinbergstulpe): gelb, 20 - 45 cm hoch; *T. tarda*: weiß/gelb, 15 cm hoch. Die mehreren Tausend hybriden Zuchtsorten werden nach Blütentyp und Blütezeit in 15 Klassen eingeteilt, sodass für jeden Geschmack etwas Passendes zu finden ist.
Gute Partner im Staudenbeet: Andere im Frühjahr blühende Zwiebelpflanzen wie Strahlenanemone *(Anemone blanda)*, Kaiserkrone *(Fritillaria)*, Narzisse *(Narcissus)*, Traubenhyazinthe *(Muscari)* sowie früh blühende Stauden wie Goldwolfsmilch *(Euphorbia polychroma)* und Nelkenwurz *(Geum)*, Ein- und Zweijährige wie Stiefmütterchen und Hornveilchen *(Viola)*, Vergissmeinnicht *(Myosotis)* oder Tausendschön *(Bellis perennis)* und alle Stauden mit ähnlichen Standortansprüchen, die spät austreiben und das welkende Laub verdecken können.
Besonderes: Die Zwiebeln werden im Herbst gesteckt. Am schönsten sehen größere Gruppen aus. Auch für Töpfe und Kübel geeignet. Laub erst abschneiden, wenn es welk wird.

Tulpenmischung

Häufig gestellte Fragen

Was ist eine Staude?

Als Staude bezeichnet man zwei- oder mehrjährige Pflanzen, deren unverholzte, oberirdische Sprossorgane während der Vegetationsruhe – bei uns meist im Winter – größtenteils vertrocknen. Nur das unterirdische Überdauerungsorgan (Wurzel, Zwiebel, Knolle oder Rhizom) überlebt und treibt in der folgenden Vegetationsperiode wieder aus.

Pflanzenkenner sprechen mal von Art und mal von Sorte. Worin unterscheiden sich Art und Sorte?

Bei einer Art (lat.: species) handelt es sich um eine Gruppe von Pflanzen, die sich fruchtbar fortpflanzen und ähnliche Nachkommen hervorbringen. Bei Sorten handelt es sich um Kultivare, also natürliche oder künstliche Varianten von Arten, Unterarten oder Hybriden.

Wie soll man Stauden düngen?

Stauden brauchen wie alle Pflanzen ausreichend Nährstoffe, damit sie sich gut entwickeln. Fehlen bestimmte Nährstoffe, kann es zu Mangelerscheinungen kommen. Stauden düngt man jedoch anders als z. B. Gemüse oder Rasen. Düngt man Stauden zu stickstoffreich, dann entwickeln sie reichlich Laub, aber wenig Blüten. Ein guter Universaldünger für alle Stauden ist Kompost. Fragen Sie beim Kauf eines Düngers, ob er für Blütenstauden geeignet ist.

Was bedeutet „remontieren“?

Wenn von remontierenden Stauden die Rede ist, handelt es sich um Arten, die nach der ersten Blüte im Frühsommer ein weiteres Mal im Spätsommer oder Herbst Blüten entwickeln. Voraussetzung dafür ist jedoch, dass die Stauden direkt nach der ersten Blüte eine Handbreit über dem Boden zurückgeschnitten werden.

Warum treiben manche Stauden nach dem Winter nicht wieder aus?

Es kann vorkommen, dass Stauden im Winter erfrieren. Nicht alle Arten und Sorten sind in jeder Region winterhart. Es kann aber auch sein, dass sich im Winter Wühlmäuse an den unterirdischen Überdauerungsorganen satt gefressen haben oder dass die Wurzeln durch lang anhaltende Nässe im Winter verfault sind. Je nach Befund kann man bei einer Neupflanzung Gegenmaßnahmen ergreifen (besserer Winterschutz, Wühlmausbekämpfung, Einarbeiten von Dränagematerial wie Sand oder Kies).

Was versteht man unter „saurer Erde“?

Gemeint ist der pH-Wert des Bodens. Wenn er zwischen 1 und 7 liegt, ist der Boden „sauer“. Neutrale Böden, die von den meisten Stauden bevorzugt werden, haben einen pH-Wert von 7. Alle Böden mit einem pH-Wert von über 7 sind alkalisch, d. h. stark kalkhaltig. Manche Stauden wie z. B. Wachsglocke *(Kirengeshoma)*, Krötenlilie *(Tricyrtis)* und viele Farne bevorzugen saure Böden.

Was bedeutet „mulchen“?

Mulch bezeichnet eine Bodenabdeckung aus lockeren Materialien (Stroh, Rasenschnitt, Kompost, Borke, Kies etc.) oder Folie. Gemulcht wird meist, um die Feuchtigkeit im Boden zu halten, Unkraut zu unterdrücken und die Wurzeln der Stauden vor Frostschäden zu schützen.

Darf ich von Stauden blühende Triebe für die Vase schneiden?

Bei den gesunden, kräftigen Stauden ist es kein Problem, wenn man sich an den prächtigen Blüten bedient und hübsche Sträuße macht. Am besten schneidet man die blühenden Triebe am frühen Morgen, dann halten sie länger in der Vase. Damit durch den Schnitt im Staudenbeet keine unschönen Lücken klaffen, empfiehlt sich die Anlage eines Beets speziell für die Ernte von Schnittblumen.

Zwiebelblüher für den Staudengarten

Deutscher Name	Botanischer Name	Höhe (in cm)	Blütezeit	Blütenfarbe
Zierlauch	*Allium*-Arten	15–100	V–VIII	Weiß, Blau, Rosa, Gelb, Purpur
Knollen-Begonie	*Begonia x tuberhybrida*	15–50	V/VI–X	Alle Farben außer Blau
Indisches Blumenrohr	*Canna Indica*-Hybriden	50–180	V–VIII	Rot, Rosa, Gelb, Orange
Montbretie	*Crocosmia*-Arten und Hybriden	30–60	VI–IX	Gelb, Orange, Rot
Frühlingskrokus	*Crocus* spec.	7–10	II–III	Weiß, Gelb, Lila
Dahlie	*Dahlia variabilis*	60–180	VII–X	Alle Farben außer Blau
Kaiserkrone	*Fritillaria imperialis*	60–100	IV–V	Gelb, Orange, Rot
Schneeglöckchen	*Galanthus*-Arten	10–20	I–III	Weiß
Gladiole	*Gladiolus*-Hybriden	70–180	VI–IX	Alle Farben außer reinem Blau
Hasenglöckchen	*Hyacinthoides hispanica, H. non-scripta*	20–40	IV–V	Blau, Rosa, Weiß
Hyazinthe	*Hyacinthus orientalis*	15–35	IV–V	Weiß, Blau, Gelb, Violett, Rosa
Märzenbecher	*Leucojum vernum*	20–30	III–IV	Weiß
Lilie	*Lilium*-Arten	100–200	VI–VIII	Alle Farben außer Blau
Traubenhyazinthe	*Muscari*-Arten	15–20	IV–V	Blau, auch Weiß
Narzisse, Osterglocke	*Narcissus*-Arten	10–40	III–IV	Weiß, Gelb, Orange
Blauglöckchen	*Scilla*-Arten	10–20	III – V	Blau, Violett
Tulpe	*Tulpia*-Arten	5–60	III – V	Alle Farben außer Blau

Gräser für den Staudengarten

Deutscher Name	Botanischer Name	Höhe (in cm) Halme/Blüte	Halme	Blüten Blütezeit	Verwendung
Diamantgras	*Achnatherum brachytrichum* (syn. *Calamagrostis arundinacea)*	50/70	Silbrig glänzend	Graurosa, flaschenbürstenförmig IX–X	Einzelstellung
Reitgras, Sandrohr	*Calamagrostis* x *acutiflora* 'Karl Foerster'	60/150	Breit, mittelgrün	Bronzefarben Staudenrabatten	Einzelstellung
Japansegge	*Carex morrowii* 'Variegata'	30/40	Steif, grün, mit gelbem Rand, wintergrün	Gelbgrün, unscheinbar IV–V	Bodendecker, auch unter Gehölzen
Pampasgras	*Cortaderia selloana*	200/250	Bläulich, bandförmig	Silbrig weiße, federartige Ähren IX–X	Imposantes Solitärgras
Blauschwingel	*Festuca cinerea*, syn. *F. glauca*	15/20	Blaugrün, kissenförmig wintergrün	Gelblich braun VI–VII	In Gruppen im Steingarten, für Einfassungen
Japanisches Goldbandgras	*Hakonechloa macra* 'Aureola'	40/60	Mittelgrün, gelb gestreift, leicht überhängend	Unscheinbar, gelblich braun VI–VII	Als Blickfang im Halbschatten, auch im Topf
Japanisches Blutgras	*Imperata cylindrica* 'Red Baron'	35/40	Tiefrotes Laub vom Austrieb bis in den Herbst	Blüht nicht	Einzeln und in Gruppen in Staudenbeeten
Chinaschilf	*Miscanthus sinensis*	150/250	Bläulich bis mittelgrün, schmal	Silbrig weiß, fiedrig IX–X	Einzelstellung und in Gemischten Rabatten
Federborstengras	*Pennisetum alopecuroides*	60/120	Dunkelgrün, schmal, spitz	Gelbbräunlich, flaschenbürstenförmig VII–IX	Einzelstellung und in Staudenbeeten
Garten-Rohr-Glanzgras	*Phalaris arundinacea* var. *picta*	60/100	Graugrün mit weißen Streifen	Cremeweiß VI–VII	Wuchert stark, in großen Gruppen
Riesen-Federgras	*Stipa gigantea*	50/180	Mittelgrün, schmal, überhängend	Haferähnlich, purpurfarben VII–VIII	Einzelstellung und in Staudenbeeten

Die schönsten Stauden für halbschattige und schattige Standorte

Deutscher Name	Botanischer Name	Höhe (in cm)	Blütenfarbe	Blütezeit (Monat)	Sonstiges
Eisenhut	*Aconitum*-Arten	100-130	Blau	VI-VIII, IX-X	Alle Pflanzenteile sind giftig
Herbstanemone	*Anemone-Japonica*-Hybriden	70-100	Rosa, Weiß	VIII-X	Neigt zum Wuchern
Waldgeißbart	*Aruncus dioicus*	200	Cremeweiß	VI-VII	Einheimische Wildstaude
Prachtspiere	*Astilbe* spec.	20-130	Weiß, Rosa, Violett	VI-VIII	Braucht feuchten Boden
Sterndolde	*Astrantia major*	50-60	Grün-weiß, Rosa, Rot	VI-VIII	Braucht feuchten Boden
Bergenie	*Bergenia* spec.	30-60	Rosa, Weiß, Helllila	III-V	Viele wintergrüne Arten
Silberkerze	*Cimicifuga*-Arten	140-200	Cremeweiß	VII-X	Duftende Blüten
Fingerhut	*Digitalis purpurea*	80-130	Rosa, Weiß	VI-VII	Alle Pflanzenteile sind giftig
Nieswurz	*Helleborus*-Arten	40	Cremeweiß, Rosa, Rot	II-IV	Wintergrün
Funkie	*Hosta* spec.	15-80	Weiß, Helllila	VI-VIII	Blattschmuck-staude
Greiskraut, Kreuzkraut	*Ligularia*-Arten	100-130	Gelb	VII-VIII	Braucht feuchten Boden
Schaublatt	*Rodgersia*-Arten	100-150	Cremeweiß	V-VII	Imposante Blatt-schmuckstaude

Hungerkünstler

Unter den Stauden gibt es echte Hungerkünstler, die mit wenig Wasser und Nährstoffen auskommen und sich deshalb gut für Kiesgärten eignen:

Deutscher Name	Botanischer Name	Höhe (in cm)	Blütenfarbe	Blütezeit	Sonstiges
Goldgarbe	*Achillea filipendulina*	80 - 120	Goldgelb	VII-IX	Verblühtes ausschneiden
Affodill	*Asphodelus albus*	90	Weiß	V-VI	Gruppen-bildende Rhizomstaude
Goldaster	*Aster linosyris*	40 - 70	Gelb	VIII-IX	Liebt kalkige Böden
Walzen-Wolfsmilch	*Euphorbia myrsinites*	25	Gelbgrün	V-VI	Liegende, walzenförmige Stängel; wintergrün
Hornmohn	*Glaucium flavum*	50	Gelb	VI-IX	Wintergrün, kurzlebig
Sonnenröschen	*Helianthemum*-Hybriden	15 - 30	Weiß, Rosa, Rot, Gelb	VI-VII	Anspruchsloser Halbstrauch
Bartiris	*Iris barbata*-Hybriden	20 - 120	Alle Farben außer reinem Rot	V-VI	Genügsame Rhizomstauden
Brandkraut	*Phlomis russeliana*	90 - 100	Blassgelb	VI-VII	In milden Lagen wintergrün
Tripmadam	*Sedum rupestre*, syn. *Sedum reflexum*	5 - 15	Gelb	VII-VIII	Immergrüner Bodendecker
Königskerze	*Verbascum bombyciferum*	100 - 200	Weiß, Gelb, Lilarosa	VI-VIII	Weißwollige Blattrosetten

Stauden für sonnige Steingärten

Gänsekresse *(Arabis)*
Grasnelke *(Armeria)*
Blaukissen *(Aubrieta)*
Glockenblume *(Campanula carpatica, C. portenschlagiana)*
Hornkraut *(Cerastium tomentosum)*
Lerchensporn *(Corydalis)*
Pfingstnelke *(Dianthus gratianopolitanus)*
Silberwurz *(Dryas)*
Grauschwingel *(Festuca cinerea)*
Enzian *(Gentiana)*
Habichtskraut *(Hieracium)*
Edelweiß *(Leontopodium alpinum)*
Dost *(Origanum vulgare)*
Hechtblaues Rispengras *(Poa glauca)*
Moosphlox *(Phlox subulata)*
Primeln *(Primula)*
Küchenschelle *(Pulsatilla vulgaris)*
Seifenkraut *(Saponaria)*
Steinbrech *(Saxifraga)*
Hauswurz *(Sempervivum)*
Thymian *(Thymus)*

Stauden für schattige Steingärten

Adonisröschen *(Adonis amurense)*
Günsel *(Ajuga reptans)*
Buschwindröschen *(Anemone nemorosa)*
Gänsekresse *(Arabis procurrens)*
Haselwurz *(Asarum)*
Streifenfarn *(Asplenium)*
Rippenfarn *(Blechnum spicant)*
Milzkraut *(Chrysosplenium oppositifolium)*
Wild-Alpenveilchen *(Cyclamen)*
Zimbelkraut *(Cymbalaria muralis)*
Bärenfellschwingelgras *(Festuca gautieri)*
Storchschnabel *(Geranium macrorrhizum)*
Christrose *(Helleborus niger)*
Leberblümchen *(Hepatica)*
Schneemarbel *(Luzula nivea)*
Gedenkemein *(Omphalodes verna)*
Hirschzungenfarn *(Phyllitis scolopendrium)*
Primel *(Primula)*
Moos-Steinbrech *(Saxifraga hypnoides)*
Schaumblüte *(Tiarella cordifolia)*
Veilchen *(Viola)*

Pflanztiefen für Blumenzwiebeln

Die richtige Pflanztiefe hängt nicht nur von der Pflanzenart ab, sondern auch vom Boden. In schweren Böden pflanzt man weniger tief als in leichten, sandigen Böden, damit die Triebe leichter ihren Weg an die Erdoberfläche finden. Wenn der Boden sehr feucht ist, füllt man eine Handvoll feinen Kies oder Sand zuunterst in das Pflanzloch. So kann sich keine Staunässe bilden und die Zwiebeln sind vor Fäulnis geschützt.

5 Zentimeter tief:

Alpenveilchen *(Cyclamen*-Arten)
Berganemone *(Anemone blanda)*
Blausternchen *(Scilla*-Arten)
Puschkinie *(Puschkinia scilloides)*
Schneeglöckchen *(Galanthus*-Arten)
Schneestolz *(Chinodoxa forbesii, C. luciliae)*
Traubenhyazinthe *(Muscari*-Arten)
Winterling *(Eranthis hyemalis)*
Zwiebeliris, Netziris *(Iris reticulata, I. danfordiae)*

Zwischen 5 und 10 Zentimeter tief:

Gladiole *(Gladiolus-Hybriden)*
Hasenglöckchen *(Hyacinthoides non-scripta, H. hispanica)*
Herbstzeitlose *(Colchicum*-Arten)
Krokus *(Crocus*-Arten)
Lerchensporn *(Corydalis*-Arten)
Märzenbecher *(Leucojum vernum)*
Milchstern *(Ornithogalum umbellatum)*
Montbretie *(Crocosmia*-Hybriden)
Schachbrettblume *(Fritillaria meleagris)*
Wildtulpen *(z. B. Tulipa clusiana, T. humilis, T. tarda)*

Zwischen 10 und 15 Zentimeter tief:

Blumenlauch *(Allium*-Arten)
Dreiblatt *(Trillium*-Arten)
Frühlingslichtblume *(Bulbocodium vernum)*
Gewitterblume *(Sternbergia lutea)*
Hundszahn *(Erythronium dens canis)*
Hyazinthe *(Hyacinthus orientalis)*
Kleine Narzissen *(z.B . Narcissus cyclamineus)*
Kleine Tulpen *(z. B. Tulipa kaufmanniana, T. fosteriana)*

Zwischen 15 und 20 Zentimeter tief:

Dahlie *(Dahlia)*
Große Narzissen *(Narcissus)*
Große Tulpen *(Tulipa)*
Lilie *(Lilium*-Arten und Hybriden)

Zwischen 20 und 25 Zentimeter tief:

Kaiserkrone *(Fritillaria imperialis)*
Persische Schachbrettblume *(Fritillaria persica)*
Steppenkerze *(Eremurus*-Arten)

Stauden, die man schon nach dem zweiten bis vierten Jahr teilen kann:

Alpenaster *(Aster alpinus)*
Bergaster *(Aster amellus)*
Bergenie *(Bergenia*-Hybriden*)*
Fetthenne *(Sedum*-Arten*)*
Goldfelberich *(Lysimachia punctata)*
Katzenminze *(Nepeta* spec.*)*
Kissenaster *(Aster dumosus)*
Lampionblume *(Physalis alkekengi)*
Mädchenauge *(Coreopsis grandiflora)*
Margerite *(Leucanthemum x superbum)*
Netzblattstern *(Coreopsis verticillata)*
Perlpfötchen *(Anaphalis* spec.*)*
Schwertlilien *(Iris barbata*-Hybriden*)*
Spornblume *(Centranthus ruber)*
Sumpfdotterblume *(Caltha palustris)*
Taubnessel *(Lamium maculatum)*
Wiesenknöterich *(Persicaria bistorta)*

Besonders leicht zu vermehrende Stauden

A = Aussaat,
T = Teilung bzw. Ausläufer
S = Stecklinge

Akelei *(Aquilegia vulgaris;* A*)*
Aster *(Aster* spec.; T*)*
Brandkraut *(Phlomis russeliana;* A+T*)*
Felberich-Arten *(Lysimachia* spec.; T*)*
Fetthenne *(Sedum spectabile, S. telephium;* T*)*
Fingerhut *(Digitalis purpurea;* A*)*
Fingerkraut *(Potentilla fruticosa;* S*)*
Frauenmantel *(Alchemilla mollis;* A*)*
Günsel *(Ajuga reptans;* T*)*
Heiligenkraut *(Santolina spec.;* S*)*
Lavendel *(Lavandula;* S*)*
Lenzrose *(Hellborus orientalis*-Hybriden; A*)*
Lerchensporn *(Corydalis* spec.; A*)*
Nachtkerze *(Oenothera* spec.; A*)*
Schleifenblume *(Iberis sempervirens;* S*)*
Sonnenbraut *(Helenium*-Hybriden; T*)*
Sonnenröschen *(Helianthemum*-Hybriden; S*)*
Spornblume *(Centranthus ruber;* A*)*

Stauden, die man frühestens nach dem fünften Jahr teilen sollte:

Eisenhut *(Aconitum* spec.*)*
Feinstrahl, Berufkraut *(Erigeron)*
Flammenblume *(Phlox paniculata)*
Funkie *(Hosta* spec.*)*
Gemswurz *(Doronicum orientale)*
Glattblattaster *(Aster novii-belgii)*
Goldgarbe *(Achillea filipendulina)*
Goldrute *(Solidago* spec.*)*
Goldwolfsmilch *(Euphorbia polychroma)*
Prachtspiere *(Astilbe*-Hybriden*)*
Raublattaster *(Aster novae-angliae)*
Rittersporn *(Delphinium*-Hybriden*)*
Sonnenbraut *(Helenium*-Hybriden*)*
Sonnenhut *(Rudbeckia* spec.*)*
Staudensonnenblume *(Helianthus* spec.*)*
Waldgeißbart *(Aruncus dioicus)*

Stauden, die nicht geteilt werden möchten

Adonisröschen *(Adonis vernalis)*
Akelei *(Aquilegia vulgaris)*
Diptam *(Dictamnus albus)*
Küchenschselle *(Pulsatilla vulgaris)*
Lenzrose *(Helleborus orientalis*-Hybriden*)*
Malven, Stockrosen *(Alcea rosea, Lavatera spec., Malva* spec.*)*
Pfingstrose *(Paeonia lactiflora)*
Schleierkraut *(Gypsophila paniculata)*
Tränendes Herz *(Dicentra spectabilis)*
Türkenmohn *(Papaver orientale)*

Zwiebeln für den Steingarten

Berganemone *(Anemone blanda)*
Krokus *(Crocus)*
Hundszahn *(Erythronium dens-canis)*
Frühlings-Lichtstern *(Ipheion uniflorum)*
Netziris *(Iris reticulata)*
Traubenhyazinthe *(Muscari)*
Milchstern *(Ornithogalum)*
Puschkinie *(Puschkinia)*
Gewitterblume *(Sternbergia lutea)*
Wildtulpen *(Tulipa tarda, T. saxatalis)*

Nützliche Adressen und Bezugsquellen

Literatur

Berger, Frank von:
Schöne Gärten mit Stauden
München 2003

Brown, Kathy:
Zwiebelbibel, München 2008

Chatto, Beth:
Der Kiesgarten, Stuttgart 2000.

Fessler, Alfred:
Der Staudengarten, Stuttgart 1991

Foerster, Karl:
Einzug der Gräser und Farne in die Gärten, Stuttgart 1988

Foerster, Karl:
Blauer Schatz der Gärten, Stuttgart 2006

Lord, Tony und Andrew Lawson:
Enzyklopädie der Pflanzenkombinationen, München 2003

Staudengärtnereien

Österreich

Sarastro-Stauden
Christian H. Kreß
Ort 131, A-4974 Ort/Innkreis
Mobil: +43 0664 2610362
E-Mail: office@sarastro-stauden.com
www.sarastro-stauden.com
(Auch Versand)

Stauden Feldweber
A-4974 Ort/Innkreis
Tel: +43 7751 8320
www.feldweber.com/www.staude.at
(Auch Versand; Schwerpunkt Alpenpflanzen, Iris, Taglilien)

Deutschland

Staudengärtnerei Dieter Gaissmayer
Jungviehweide 3, D-89257 Illertissen
E-Mail: info@staudengaissmayer.de
(Auch Versand)

Staudengärtnerei Gräfin von Zeppelin
D-79295 Sulzburg-Laufen
Tel: +49 07634 69716
E-Mail: Info@graefin-von-zeppelin.de
www.graefin-von-zeppelin.de
(Auch Versand; Spezialität: Iris, Pfingstrosen, Taglilien, Türkenmohn)

Schweiz

Frei Weinlandstauden AG
CH-8465 Wildensbuch (ZH)
Tel: +41 52 3191230
www.frei-weinlandstauden.ch
(Auch Versand; Spezialität: Alpen- und Heilpflanzen, Pfingstrosen, Kräuter)

Alpine Stauden

Bernd Schabhütl
Einödhofweg 14
A-8042 Graz/Steiermark
Tel: +43 1316 461702
Mobil: +43 1664 4015560

Gärtnerei Sommer
Achenweg 10
D-83471 Schönau am Königssee
Tel: +49 08652 4233
E-Mail: gaertnerei_sommer@freenet.de
www.alpenblumen-sommer.de

Gärtnerei Carl
Auf dem Berg 6
D-75181 Pforzheim-Würm
Tel: +49 07231 70590
E-Mail: Calpengarten@aol.com
www.alpengarten-pforzheim.de
(Versand international)

Zwiebel- und Knollenpflanzen
(Versand international)

Albrecht Hoch
Potsdamer Straße 40
D-14163 Berlin (Zehlendorf)
Tel: +49 30 8026251
www.albrechthoch.de

Bernd Schober
Stätzlinger Straße 94 a
D-86165 Augsburg
Tel: +49 821 72989500
www.der-blumenzwiebelversand.de

Nützlinge

STB Control
Triebweg 2
D-65326 Aarbergen 3
www.stb-control.de

W. Neudorff GmbH KG
An der Mühle 3
D-31860 Emmerthal
Tel: +49 5155 6240
E-Mail: info@neudorff.de
www.neudorff.de

Sautter und Stepper GmbH
Rosenstraße 19
D-72119 Ammerbuch
www.nuetzlinge.de

Agrinova Biologische Präparate
Mühlheimer Hauptstraße 13
D-67283 Obrigheim-Mühlheim
www.agrinova.de

Andermatt Biocontrol AG
Stahlermatten 6
CH-6146 Grossdietwil
www.biocontrol.ch

Register

Die neue Ratgeber-Reihe auf einen Blick

- Kompetente Praxisinformationen von Experten
- Attraktives Layout
- Exzellentes Preis-Leistungs-Verhältnis
- Kurze Texte, leicht verständlich erklärt

Das erste Buch zum Thema „Klimawandel im Garten“!

ISBN 978-3-7040-2355-1
€ 19,90

ISBN 978-3-7040-2359-9
€ 10,95

ISBN 978-3-7040-2358-2
€ 10,95

ISBN 978-3-7040-2361-2
€ 10,95

ISBN 978-3-7040-2360-5
€ 10,95

ISBN 978-3-7040-2324-7
€ 10,95

ISBN 978-3-7040-2322-3
€ 10,95

ISBN 978-3-7040-2326-1
€ 10,95

ISBN 978-3-7040-2325-4
€ 10,95

ISBN 978-3-7040-2323-0
€ 10,95

ISBN 978-3-7040-2327-8
€ 10,95

av BUCH
www.avbuch.at